破壊的イノベーションの起こし方

誰でも使えるアイデア創出フレームワーク

松本 勝〔著〕
VISITS Technologies CEO／創業者

東洋経済新報社

はじめに

本書は「イノベーション」や「アイデア創出」をテーマにしたものであり、主に「事業を社内で起こそう」もしくは「これから起業して新しい事業を創ろう」という方々に向けて書かれた本である。

私がこの本を書こうと思ったのは、大企業の新規事業コンサルティングを10年間にわたって行ってきた中で多くの課題を目の当たりにし、それらの解決に少しでも役立ちたいと思ったからである。

それらの課題は、本書のテーマである「どうやって良い事業アイデアを出せば良いかわからない」以外にも、「挑戦のマインドセットが欠けている」「アイデアは良いのだけど実行力が足りない」「既存事業が優先され、新規事業に社内のリソースを活用できない」などさまざまある。

これらの中で、「既存事業が優先され、新規事業に社内のリソースを活用できない」などの社内的な課題は各社個別的なトピックであるため、汎用的に扱うのが難しく、本書の対象外とした。自社内で解決するか、社外の専門コンサルタントに支援をお願いするのが得策だろう。

一方で、「挑戦のマインドセットが欠けている」というのは、この本を手に取った時点で、ある程度解決できているのではないだろうか。そして一番多く聞かれる課題は、「アイデアは良いのだけど実行力が足りない」というものだ。

しかし、そういったクライアントの新規事業コンサルティングを請け負い、実際に支援を始めてみると、「彼ら自身は良いアイデアだと思っているが、実際は良くない」というケースがほとんどである。

そのようなアイデアをベースに事業化をすでに始め、実行フェーズに移行しているケースでは、すでに多くの資金を投資しており、後戻りもできず非常に苦しい状況に陥ってしまっている。

ましてや、大企業において、「良いアイデアだと思っていましたが、やってみるとダメなアイデアだと気づきました」とはなかなか当該責任者からは言い出しづらいのが現実である。

これらは多くの場合、自社アセットの活用やビジネスモデル構築、事業計画の策定を優先し、ユーザーのニーズの深掘りが不十分なままプロジェクト化されたものである。

そのような悲劇を回避するためにも、本書では改めて「どうやったら良い事業アイデアを出せるか」にフォーカスしていく。

さらに、本書は「誰にでも再現できる」という点に特に重点を置いているため、従来のデザイン思考では感覚的だった部分をさらに独自に発展させ、徹底的に「論理的なアプローチ」にこだわっている。

そのため、これまでデザイン思考を学んだことがある方にとっては、「聞いたことがない」「知っているデザイン思考と違うのでは」と感じられる部分も多々あると思うが、ロジカルな思考が得意な読者にとっては、より理解を深めやすい（アイデアを出しやすい）論理構成となっているはずである。

本書ではそれらの論理ステップを順を追って説明すると共に、実際のワークショップを通じて体得していく構成となっている。

本書は新規事業に関わるビジネスパーソンや起業家はもちろんのこと、すでに事業を行っている経営者、これから社会に出る学生の皆さんも含め、できるだけ多くの方に読んでいただきたいと思い、扱うテーマや事例も身近でイメージしやすいものを扱うように心がけた。

具体的なメソッドの説明に入る前に、まず、そもそも今なぜイノベーションの必要性が世の中で叫ばれるのか。世界から見た日本の現在地という観点で考察したい。

なぜイノベーションが求められるのか

平成から令和の時代に変わる時、世の中では平成元年と平成最後の年の世界の時価総額ランキングが話題となった。

平成元年のランキングでは、日本企業が世界の上位を席巻していたにもかかわらず、平成が終わる頃にはTOP50にランクインしたのはトヨタ自動車1社のみという結果にまでなってしまった。まさに世界における日本の凋落を表す象徴的な事例とも言え、「失われた30年」と言われるのも仕方ない現実である。

さらに衝撃的だったのは、2020年にGAFA（Google、Apple、

Facebook、Amazon）にMicrosoftを加えた5社の時価総額合計が、日本の東証一部2170社の時価総額合計を上回ったというニュースだろう。

実はGAFAの売上高と日本の大手企業の売上高を比較しても、そこまでの差はない。にもかかわらず、時価総額では大きな差が生まれてしまっている。その理由は、日本の大手企業の多くは売上高の方が時価総額よりも大きい一方で、GAFAのような巨大テクノロジー企業では売上よりも時価総額の方が5〜10倍程度大きいためだ。

では、なぜそのようなことが起こってしまうのか。

その大きな理由の一つが「企業のイノベーション力の差」である。大雑把に言うと、売上高は「企業の今の力」を表し、時価総額は「投資家が考える企業の将来の力」を表している。その観点では、日本企業は投資家から「今は良いけど将来性がない」という評価を突きつけられている状況である。

そして、その「将来性」を決めるのが「企業のイノベーション力」である。イノベーション力を「将来の新たな価値を創造する力」と考えれば、その力を持つ企業に将来性があるというのは自然である。すなわち、株式市場は「日本企業よ、イノベーション力を向上せよ」と強力に発信しているのである。

日本企業がイノベーションを起こせない理由

では、なぜ日本企業はGAFAのようなイノベーションが起こせないのだろうか。そこにはさまざまな要因があると思われるが、その大きな理由の一つに「日本の教育の問題」があると考えられる。日本の教育現場では、大学院等の研究現場を除いて、「正解が存在する問題が与えられ、その問題の解決法を導き出す」というのが一般的である。

一方、イノベーションに取り組む現場では、「自ら社会やユーザーの課題・ニーズを抽出し解決する力」が求められる。すなわち、「正解が存在しない問題を自ら定義する」という経験が圧倒的に不足しているのである。

高度経済成長時代には、欧米をはじめとした先進国という

「お手本」が存在し、同じものを「いかに安く、高品質に作るか」ということに注力するだけで企業は成長できた。

また、まだ国民の生活の多くの部分に「顕在的な不便」が存在し、その不便を解消するソリューションをどう提供できるか、で勝負がつく部分が多分に残っていた。

しかし、日本も先進国の仲間入りをしてしまうと、もはや目の前の「お手本」はなくなり、各企業は自分たち自身で「社会やユーザーのために解決すべき課題は何か？」を考えなければならなくなった。

また、国民の生活水準も大きく向上し、もはや日常生活において「これが不便で仕方ない」というものは、そのほとんどがすでに解決されてなくなってしまった。

このような状況では、ユーザーに「何か不便で困っていることはありますか？」とヒアリングしても、明確に「この不便を解決してほしい」とは回答できない。すなわち、ユーザー自身が「正解」を持っていないのだ。

したがって、サービス提供者である企業は「自ら社会やユーザーの課題・ニーズを抽出し解決する力」を持っていないと、ヒットする商品を生み出せなくなってしまった。

そんな時代だからこそ脚光を浴びているのが「デザイン思考」という思考法である。

デザイン思考とは「課題抽出・解決プロセス全体をデザインする思考法」

詳細は後述するが、デザイン思考とは「課題の解決（ニーズの実現）」ではなく「課題の抽出（ニーズの抽出）」から始める思考プロセスである。先述した日本の教育が「問題が与えられた状態」から始まるのとは対照的である。

この思考法を身につければ、ユーザーが「正解」を持っていなくとも、サービス開発者はヒットする商品を生み出せるようになる。

ここで注意が必要なのは、デザイン思考で言う「課題の抽出」

は、私たちが日常で使う「課題」とは意味合いが少し異なるという点だ。ここで言う「課題」には、明らかな「負の体験」としての課題から、「こうなったら理想である（でもまだ実現していないという意味で課題、潜在ニーズとも言う）」という「理想の状態」や「目的」というレベルのものまですべて含まれる。

そう言った意味では、デザイン思考は「目指す姿」と「それを実現する道筋」をデザインする思考法とも言える。

デザイン思考を普及させたいと思ったきっかけ

筆者が最初にデザイン思考の重要性を強く認識したのは、ボランティアで母校の学生のキャリア支援をした時だった。

優秀な人材が集まっていると言われる東京大学の学生に、「将来どんな人間になりたいのか？」「何をしたいのか？」などの質問をしても、それに答えられる学生がほとんどいなかった。すなわち、「理想の自分」や「目的」をデザインすることなしに就職活動やキャリア選択を行っているのだ。

日本においては、勉強を頑張れば良い学校に入れる、良い学校に入れれば良い会社に入れる、という積み上げ式の考え方が浸透している。

これは言い換えれば、「将来何をしたいのかはわからないが、頑張って良い学校や会社に入れれば（良いレールに乗っていれば)、将来の可能性が広がる」という一種のモラトリアムに近い考え方とも言える。

果たしてこのような考え方で本当に幸せになれるのだろうか。もちろん、「良いレールに乗れた人」は一定の承認欲求は満たされるだろうし、良い会社で高収入を得れば金銭的には豊かな生活はできるだろう。

しかし、もし「自分の目指す姿」を明確にイメージでき、それを実現できたならもっと幸せかもしれない。意識しないまま突き進んで、偶然そこに辿り着く可能性は限りなく低い。

重要なのは、「目指す姿」と「それを実現する道筋」を自分自身でデザインし、それを実現することなのだ。

中高生の頃からそれができれば、進むべき大学も「将来のやりたい仕事や理想の自分から勉強すべき専攻を考え、それを最も学べる場所」という観点から選ぶようになるだろう。

皆が、十人十色の「自分の目指す姿」を持つようになれば、進もうとする方向性も分散し、受験戦争という過当競争も幾分か緩和されるだろう。その空いた時間をもう少し、自身のアイデンティティを探索する時間に費やせるかもしれない。

デザイン思考は自分自身を幸せにし、他者も幸せにする

幸せな人生をデザインするためにデザイン思考が必要だと書いたが、本書の目的は「破壊的イノベーションを起こす考え方を学ぶこと」である。

自分の幸せな人生をデザインすることと、破壊的イノベーションを起こすことに、一体どのような関係があるのだろうか。

ここで、「破壊的イノベーションが起こる時」とは、どのような状態なのかを考えてほしい。破壊的イノベーションが起こるのは、企業が新しいサービスを世の中に出し、そのサービスにより多くのユーザーが「幸せな体験」を手に入れた時である（本書においては、「新市場型破壊的イノベーション」を「破壊的イノベーション」と呼ぶこととする）。

その時に、そのサービスが爆発的ヒットとなって従来のサービスを一掃し、後に人々から「破壊的イノベーション」と言われるのである。

こうして見ると、破壊的イノベーションとは、「他者の幸せな人生をデザインすること」にほかならず、自分の人生をデザインすることとは、その対象が「自分か他者かの違い」にすぎないことに気づくだろう。

少し厳しい言い方をすると、「自分自身の幸せをデザインすることができない人に、他者の幸せをデザインすることなどできない。すなわち、破壊的イノベーションは起こせない」ということだ。

その理由は、デザイン思考は「共感」から始まる（詳しくは

後述）が、他者の潜在願望を共感によって見つける方が、自分の潜在願望に気づくより圧倒的に難しいからだ。

誰もが創造的で幸せな人生を送ってほしい

筆者がこの本を執筆する本当の目的は、上述のことに加え、大きく言えば、「誰もが創造的で幸せな人生を送ってほしいから」である。

実は、世の中に「何か新しくて価値のあるもの」を自分の手で生み出し、人々が喜んでくれた時、その光景は他では代えがたい幸せを創造者にもたらす。それは金銭的なものを超えた何か、「世の中に生まれてきた自分の存在価値を自己承認できる幸せ」のようなものかもしれない。

実際にサービスを創ったことのある人であれば納得できるだろう。創造力と幸福度の関係についての研究においても、その高い相関は示されている。

しかし、そのような幸せを仕事や日常生活で実感できている人は少数だと思われる。しかも、世の中の多くの人は「創造力は生まれつきの才能で決まっている」と勘違いしている。実は、さまざまな研究にもあるように、創造力は後天的に身につけることができる、日々のトレーニングの賜物である。

もちろん、才能の要素がゼロとは言わない。イメージとしては、「走るのが速い人」に近い。生まれつき運動神経が良く才能溢れる人は、他の普通の人より走るのが速いかもしれない。だが陸上部で走り方も含め、特訓を積んだ普通の人はもっと速い、と言えばイメージが湧くだろう。

本書では、創造力を高めるという目的において、上記で言う「走り方」を書いたものである。我流のフォームで1万回走り込むより、研究し尽くされた「走り方」を知った上で1000回走り込んだ方がきっと速くなる。

本書では、創造力を最速で身につけるアプローチを公開していく。これらの多くは、誰もがデザイン思考の考え方をビジネスの現場で再現できるよう、私が独自開発したものである。

これらのメソッドを繰り返し練習することで新たな考え方を身につけ、誰もが創造的で幸せな人生を送れるようになることを願っている。

2021年6月

松本　勝

もくじ

1 イノベーションとは

2 デザイン思考とは

3 統合思考とは

4 転換思考とは

5 破壊的イノベーションの起こし方

6 オンラインサービスの設計

付録　グループワーク用問題集

1

イノベーションとは

1-1 イノベーション≠技術革新

皆さんは、「イノベーション」の正しい意味をご存じだろうか。

抽象的な言葉であり、人によって捉え方や理解が異なる言葉であるにもかかわらず、本書において重要なキーワードであるため、まずその意味や認識を揃えておきたい。

よく見る間違いは、「イノベーション＝技術革新」というものである。数十年前のこの誤訳が、現在の日本のイノベーションの停滞をもたらしたと言っても過言ではない。

なぜなら、「技術革新がないとイノベーションを起こせない」という認識を人々に与え、日本企業がこぞって「目的なき技術革新」に奔走してしまったからだ。

「新しい技術を開発したが、何に使って良いのかわからない」というのは日本企業でよく見る光景ではなかろうか。

では、正しい意味は何か。「イノベーション＝新結合」である。これを唱えた人々を図1.1に示した。新結合とは、「これまで組み合わせたことのない要素を組み合わせることによって新たな価値を創造すること」を意味する。

これは、イノベーションの父と言われる経済学者ヨーゼフ・アロイス・シュンペーターが、1912年に著した『経済発展の理論』の中で「新結合」という言葉を使い、イノベーションの概念を提唱したことに始まる。

ハーバード・ビジネス・スクールの教授であり、著書『イノベーションのジレンマ』で有名なクレイトン・クリステンセンもイノベーションを「一見、関係なさそうな事柄を結びつける思考」と表現し、シュンペーターの「新結合」の概念を引き継いだ。

また、あのスティーブ・ジョブズもイノベーションの源泉である創造力について、「創造力とは、いろいろなものをつなぐ力だ。一見すると関係ないように見えるさまざまな分野の疑問や課題、アイデアやひらめきを上手につなぎ合わせる力だ」と表現している（カーマイン・ガロ著『スティーブ・ジョブズ　驚異のイノベーション』より）。

このように、現在では「イノベーション＝新結合」がイノベーション理論のベースとなっており、本書でもそれを前提に議論を展開していく。

図 1.1 「イノベーション＝新結合」と唱えた人々

ヨーゼフ・アロイス・シュンペーター
（1883–1950）

著書『経済発展の理論』

クレイトン・クリステンセン
（1952–2020）

著書『イノベーションのジレンマ』

スティーブ・ジョブズ
（1955–2011）

Apple 創業者

1-2 新結合とは

では、「新結合」の意味を具体的に考察していこう。「新結合」にはさまざまなパターンが存在するが、本書では「ニーズ」と「シーズ（技術やデータ等のアセット）」の新結合によって、「新しいソリューション」が生まれるアイデア創造に関する「新結合」について考察する。

図1.2にニーズとシーズの結合パターンを示した。まず、世の中には「顕在ニーズ」が存在する。 これは「あなたの困りごとは何ですか？」と聞かれた時に、ユーザーが「〇〇が欲しい」と答えられるニーズである。ユーザー自身が「答え」を持っているニーズとも言える。

既存のソリューションは、顕在ニーズに対して既存シーズを組み合わせて世の中に提供されている（①）。すでに組み合わせられて世の中に提供されている点で、現時点ではもはや「新結合」とは言えなくなっている。

一方、顕在ニーズと既存のシーズの組み合わせであっても、それが「これまでにない組み合わせ」であれば、新結合により新規の価値あるソリューションが生まれる可能性がある（②）。

さらに、顕在ニーズに対し、新規シーズ（新技術や新たに手に入ったデータ等）を開発して組み合わせると、新規の価値あるソリューションが生まれる可能性がより高くなる（③）。

また世の中には、「潜在ニーズ」というものが存在する。これは、「あなたの困りごとは何ですか？」と聞かれた時に、ユーザーが「〇〇が欲しい」と答えられないニーズである。ユーザー自身が「答え」を持っていないということだ。言い換えると、「ユーザー自身で欲しいとは言えないが、一度体験させると欲しがるもの」とも言える。

ガラケー時代に初めてiPhoneというスマホが出てきた瞬間をイメージしてほしい。ガラケーで満足していたユーザーは当時、スマホという存在も知らず、まして使ったこともないので、「スマホがなくて不満」と彼らは言えなかったはずである。

しかし、いったんスマホを体験した人は、その多くがもはやガラケーでは満足できなくなってしまった。「携帯電話でPCのようにさまざまなアプリケーションを楽しみたい」というのは、当時では潜在ニーズだったのである。

図 1.2　ニーズとシーズの結合パターン

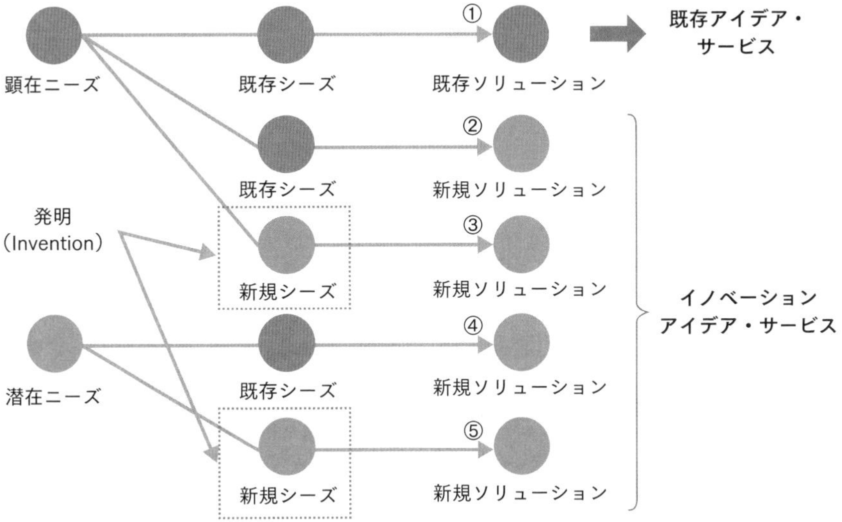

顕在ニーズ：「あなたの困りごとは何ですか？」と聞いた時に、ユーザーが「○○が欲しい」と答えられるニーズ
潜在ニーズ：「あなたの困りごとは何ですか？」と聞いた時に、ユーザーが「○○が欲しい」と答えられないニーズ
既存シーズ：技術やデータ等の既存アセット
新規シーズ：新技術や新たに手に入ったデータ等

この潜在ニーズに既存シーズを組み合わせて、新規の価値あるソリューションが生まれる可能性がある（④)。その代表例が先ほどのiPhoneである。

スティーブ・ジョブズを悪く言う一部の人は、よく「彼は何も新しいものを生み出していない。当時すでにあった技術を組み合わせて作ったにすぎない」と言うが、この「新結合」がイノベーションの定義そのものである。

このような意見が出ること自体、イノベーション＝技術革新と勘違いしている証左と言えよう。

さらに、潜在ニーズに新規シーズを組み合わせれば、新規の価値あるソリューションが生まれる可能性は当然高くなる（⑤)。

このように、イノベーションを起こすソリューションとなり得るのは①を除く、「新結合」を実現する②から⑤のすべてであることがわかる。また、いわゆる発明（Invention）と言われるのは、③や⑤の新規シーズにあたる。

すなわち、イノベーションと発明の関係は、「発明があると新結合を作りやすいのでイノベーションを起こしやすいが、イノベーションを起こすために必ずしも発明が必要なわけではない」という関係である。イノベーション≠技術革新というのも、これらの関係を見れば理解できよう。

1-3 新結合により生まれたサービス例

では、もう少し具体的な事例を見ていこう。図1.3には、ニーズとシーズの「新結合」により、イノベーションが起こった例を示している。

はるか昔から人類には「目的地に移動したい」というニーズは存在した。その当時の（イノベーションが起こる前の）ソリューションは、「歩いて移動する」という非常にシンプルなものだった。その点では、他の動物と大きな差はなかった。あえて言えば、歩きやすいように「道」を作っていたくらいだろう。当時はどんな長距離でも歩いて移動するしか方法がなかったため、疲れることに対して大きな不満はなかったはずだ。

しかし、もし「疲れずに長距離を移動できる方法」を当時人々が知っていたら、もはや「歩いて長距離を移動するという選択肢」には戻れなかったはずだ。すなわち、「目的地に疲れずに移動したい」という願望は当時は潜在ニーズだったのである。

潜在ニーズとは別の言い方をすると、「(当時は夢の話だと思って）無意識にあきらめていた願望」とも言える。

しかし、やがて（昔からすでにいたという意味で）既存シーズだった「馬」と「新結合」され、「馬車」というソリューションが開発され、「目的地に疲れずに移動したい」という潜在ニーズは実現された。まさに「新結合」によりイノベーションが起こった瞬間である。

この瞬間から、「長距離の移動は馬車に乗ってする」というのが「新しいあたりまえ」となっていき、やがて長距離移動時に馬車が用意されていないと人々は不満を持つようになった。このように、潜在ニーズは実現した時点から顕在ニーズに変化するという特徴を持つ。

「目的地に疲れずに移動したい」というニーズは馬車の登場により満たされたが、（当時の人は無意識にあきらめていたが）本当は「目的地にもっと早く疲れずに移動したい」という願望を人々は持っていたはずだ。馬車は1日に100kmくらいしか移動できないが、1日でその数倍を移動できる乗り物があれば、もはや馬車を選択する人はいなくなるはずである。「目的地にもっと早く疲れずに移動したい」というのが当時の潜在ニーズだったのである。

図1.3　ニーズとシーズの新結合により生まれたイノベーション

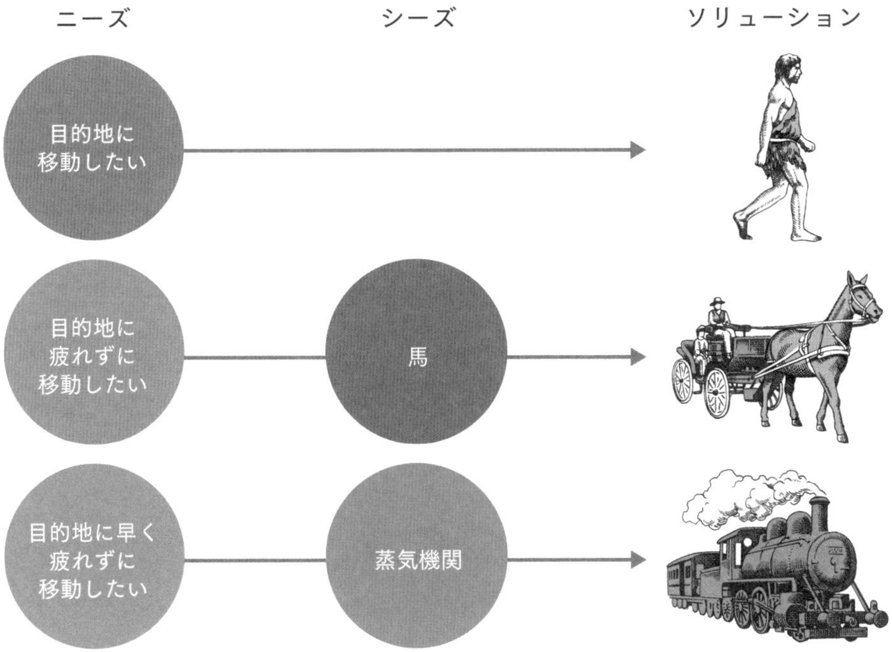

その後、「蒸気機関」という新規シーズが発明され、その潜在ニーズと「新結合」されることで「蒸気機関車」というソリューションが開発された。この瞬間から「目的地に早く疲れずに移動できる」というのが「新しいあたりまえ」になり、誰も馬車で移動しなくなっていったのは言うまでもない。

人間は欲張りな生き物である。より便利なものがイノベーションにより生まれると、必ず便利な方を選択しライフスタイルをシフトさせていく。このように、イノベーションとは、その時代の潜在ニーズとシーズとの「新結合」により新規ソリューションが生まれ、人々の「あたりまえ」と行動が変容し、無意識にあきらめていた願望であった潜在ニーズが顕在ニーズ化していく一連の変化であることがわかる。

1-4 ニーズとソリューションが生まれるプロセス

ここで、どのようにしてニーズやソリューションが生まれるのか、そのプロセスを見てみよう。

実は、ニーズは何もない状況で突然発生するものではない。欲求などの感情を持った人間が、どこかで何かをしようとした時に発生するのである。

つまり、家でリラックスしている時に、突然「Suica（交通系ICカード）が欲しくてたまらない！」とはならない。例えば、せっかちな（時間を無駄にしたくない）ビジネスパーソンが、駅で急いで改札を通ろうとした時に「Suicaが欲しい！」となるのだ。

また、どんなニーズに対してもソリューションが提供されるわけではない。そのニーズに対し、人々が共感し「確かにそれは欲しい」とならなければ、サービスを開発しても市場は存在しないため、各企業はそのニーズの実現のためのソリューションを開発しようとしないからだ。

図1.4には、新規のニーズやソリューションが生まれるまでのプロセスを示した。

先ほどは、ニーズとシーズの「新結合」により新規のソリューションが生まれるプロセスについて考察を行ったが、実はニーズが生まれるためにも、ユーザーとして想定するペルソナ（Who）とシーン（Where、When）の「新結合」が行われているのだ。

これまでに考えたことのないようなペルソナとシーンの組み合わせを考えてみることによって、「これまで見落としていたニーズ」を発見できるかもしれない。また、ソリューションに関しても、「実現可能性」がなければ実用性という意味で価値がない。

すなわち、イノベーションを生み出すアイデアの創出とは、数学的な問題に帰着させると、高い共感度のニーズ（Why）と高い実現可能性のソリューション（How）を生み出す、5W1H（Who、Where、When、Why、What、How）の新たな組み合わせパターン（新結合）の探索活動と言える。

図1.4　ニーズとソリューションが生まれるプロセス

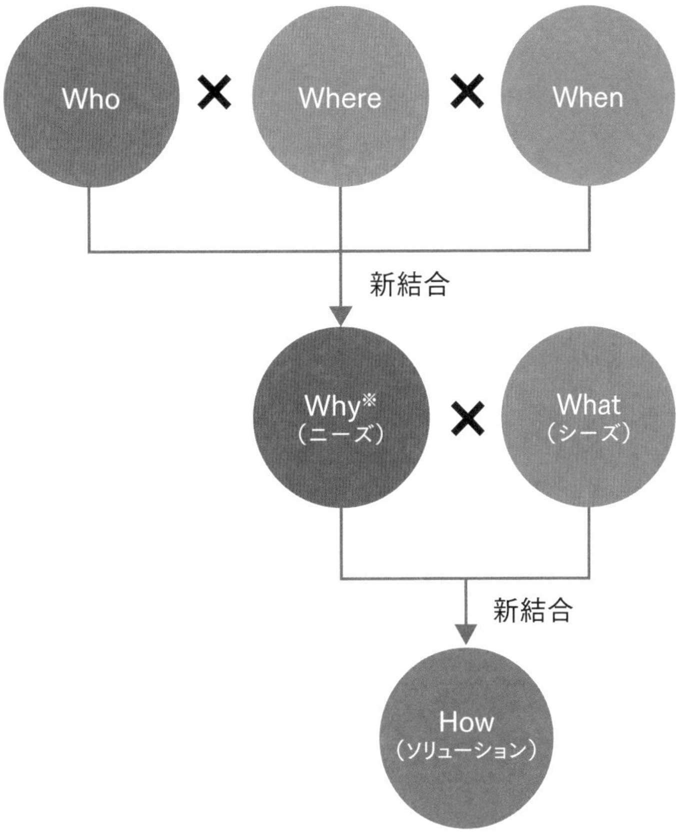

※　Whyとニーズは、「なぜするのか？（Why）」→「なぜなら～したいから（ニーズ）」という表裏一体の関係にある。そのため、本書ではWhyとニーズを便宜的に同義で取り扱う。

1

column

イノベーション創発に必要な要素

これまで「イノベーション」という言葉を使ってきたが、アイデア創造の部分だけにフォーカスして「イノベーション」を議論するのに違和感を感じる方も多いのではないだろうか。

本来、イノベーションとは図1.5に示したように、「組織としての（イノベーションに対する）マインドセットの醸成」がベースにあった上で、「アイデア創造フェーズ」があり、それら両方が揃った前提で「(アイデアを形にする) 実行フェーズ」というフェーズが存在する。

この中のどれか一つでも欠けてしまうと、革新的なサービスは世の中に出てこない。そういった意味では、アイデア創造はイノベーションプロセス全体の一部にすぎない。

実際、シュンペーターは、イノベーションを以下の5つに分類している。

①新しい生産物の創出（プロダクト・イノベーション）

②新しい生産方法の導入（プロセス・イノベーション）

③新しい市場の開拓（マーケット・イノベーション）

④ 新しい資源の獲得（サプライチェーン・イノベーション）

⑤新しい組織の実現（組織イノベーション）

この分類区分は図1.5の分類とは異なるが、いずれも「組織」「アイデア創造」「実行」のカテゴリに分類できる。

例えば大手企業は、実行フェーズにおけるリソースが社内に十分にあっても意思決定のスピードに問題があったり、そもそもベースとしての組織のマインドセットに問題があることが多い。

一方、スタートアップはアイデアやマインドセットに問題がなくとも、実行のためのリソースが圧倒的に不足している場合が多い。

このような問題点を解決するためにも、大企業とスタートアップによる、オープンイノベーションのような「共創」の取り組みは有効だと言えるだろう。

図 1.5　イノベーションが創発されるプロセス

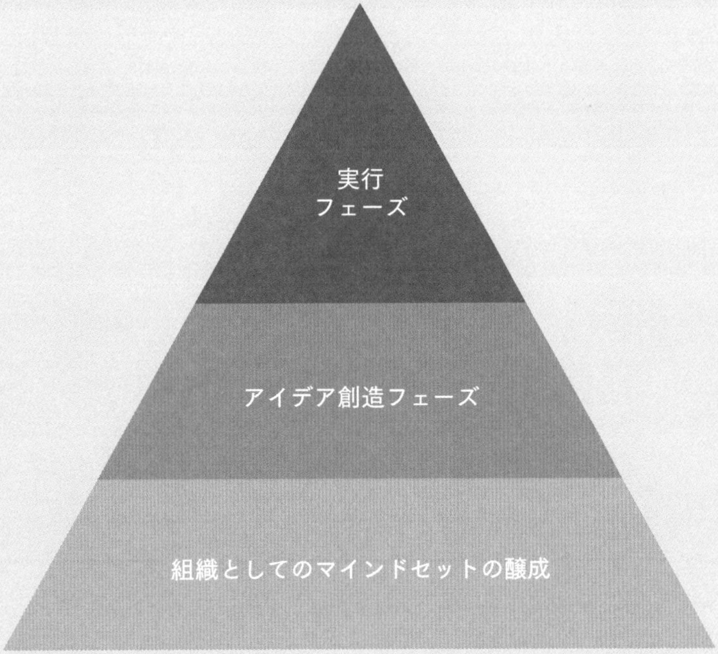

2

デザイン思考とは

2-1 デザイナーの考え方をビジネスに転用した思考法

「デザイン思考」という言葉を検索すると、Wikipediaには「デザイナーがデザインを行う過程で用いる特有の認知的活動を指す言葉」と書かれている。これだけ読んでも何を言っているか、イメージがわく方は少ないのではないだろうか。

むしろ「デザイナーの考え方をビジネスに転用した思考法」と言った方がわかりやすいかもしれない。

デザイナーは、どんな世界観を表現したいのか、その「目的」を明確にせずにいきなり創作活動を始めるわけではない（図2.1）。

「目的」がまずあり、それをうまく世の中に伝えるための「手段」としてさまざまな作品を創っていく、いわゆる「目的からの逆算思考」の考え方である。

この逆算思考をビジネス、とりわけビジネスアイデア創出に転用していこうというのがデザイン思考の考え方だ。

ビジネスにおける「目的」とは「社会やユーザーのニーズを満たすこと」であり、「手段」とは「ニーズを満たす新たなソリューションを提供すること」である。

「ニーズからソリューションを考える」など、一見あたりまえのように思われるかもしれない。しかし、実際のビジネス開発の現場に目をやると、まずは技術（シーズ）に関する研究開発やソリューションありきで、顧客ニーズ不在のままプロジェクトが進んでいることが多々ある。

デザイン思考は、ニーズとソリューションの両方の探索を行うことから、「創造的問題解決のための思考法」と言われることがある。

「創造的」と付いているのは、「ニーズや課題の抽出」から始めるからで、ただの「問題解決のための思考法」であれば「ニーズや課題が与えられた中での最適なソリューションの創出」となり、旧来コンサルティングファームが請け負っていた分野となる。多くの場合、課題ありきでプロジェクトが始まるからだ（ただし、その過程で問題の再定義を行うことはある）。

また、デザイン思考は、「0→1のビジネスを生み出すための思考法」とも言われることがある。これは従来型の（創造的でない）課題解決プロセスが、課題という「負」を解決するとい

図 2.1　デザイナーの思考プロセス

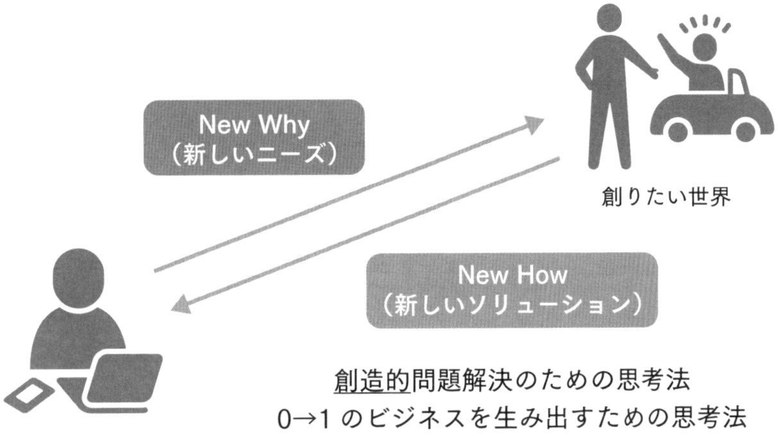

う意味で「－1→0」と表されることがあり、その対比としての表現である。

「ニーズや課題の抽出」から始めるという意味で、図1.2の「潜在ニーズ」に対する新規ソリューション創出（④、⑤）にあたる部分が、デザイン思考が必要となる領域である。

ちなみに、「デザイン思考はビジネスの改善プロセスには使えるが、0→1には使えない」と主張する人がたまにいるが、これは「観察をベースとした従来型のデザイン思考のプロセス」に限った話であり、他のアプローチを使えば、0→1も十分に可能である（詳しくは後述）。

繰り返しになるが、デザイン思考とは「思考法」であり、一つの「プロセス」だけを指すものではない。

いろいろなデザインファームがさまざまなアプローチでデザイン思考を展開しており、ここを勘違いすると「デザイン思考をやってみたけどダメだ。あれは使えない」ということになりかねないので注意が必要だ。

本書で展開していくアプローチも、数ある中の一つだと思ってほしい。ただ、他のデザイン思考のアプローチに比べ特に注力しているのは、「より論理的なアプローチを採用し、誰もが再現しやすくしている点」であり、その点を意識して読み進めていただければ幸いである。

2-2 デザイン思考は「共感」から始まる

図2.2は、一般的なデザイン思考のステップを表している。

ここで重要なポイントは2点ある。「共感から始まる」という点と「テストの前にプロトタイプを作る」という点である。

1点目について、前述したように「デザイン思考は創造的問題解決のための思考法」であり、最初から解くべき問題が用意されているわけではない。そのため、自分で問題を定義しなければならない。ではどのようにして問題を定義するのか。

そこで重要となるのが「共感力」である。前述した5W1Hのフレームワークをうまく活用して、ペルソナとシーンを解像度高くイメージし、ペルソナの気持ちになりきる。そして、深く共感することで初めて、潜在ニーズに気づくことができる。

また、街に繰り出して、実際にペルソナとなるユーザーの行動観察をしてみても良い（観察型アプローチ）。観察を通じてユーザー（ペルソナ）の気持ちに共感できるかもしれない。

このように、ペルソナへの共感（Empathize）を通じて解くべき問題を定義（Define）し、その問題を解決するソリューションを創造（Ideate）するというステップで進める。

2点目について、デザイン思考とは0→1のサービスを生み出す思考法だったことを思い出してほしい。

世の中にまだないサービスを創ろうとする際には、ユーザーヒアリング（テスト）のためにアイデアを他の人に説明しても、相手は作り手のイメージしているものと同じものをイメージできない。その結果、相手は間違ったイメージを勝手に持ってしまい、間違った回答をしてしまう。

もし、類似サービスがすでにあるような、0→1ではないサービスに関するヒアリングなら、相手は正しくイメージでき、正しい回答ができるかもしれない。

正しい回答を相手からもらうためには、まずプロトタイプを作ってイメージを正しく伝えることが重要なのである。

「顧客の声をまず聞くことが大事」と信じてユーザーヒアリングから始める企業がイノベーションを起こせない理由がここにある。

「顧客は正解を持っていない」ことを前提に、まずは自分たちでアイデアとプロトタイプを作ることを心がけてほしい。

図 2.2　デザイン思考のステップ

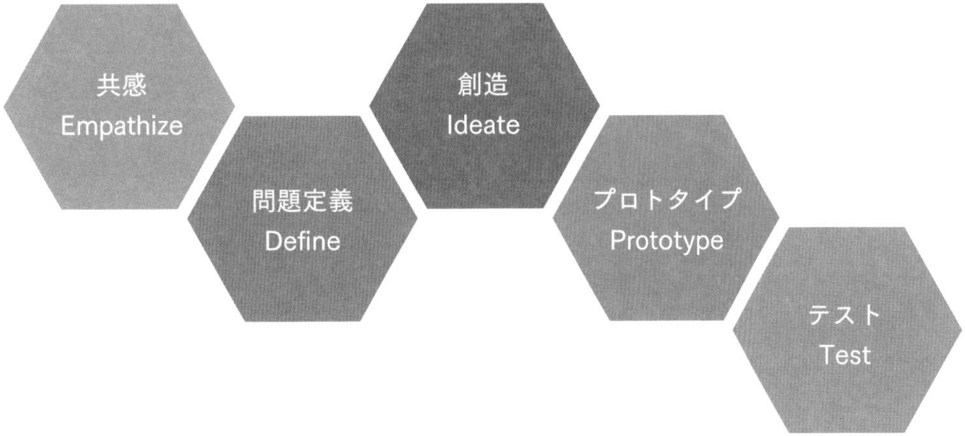

出典：d.school

2-3 新しい市場を創る

デザイン思考は0→1のビジネスを創ると述べたが、それはすなわち「新しい市場を創る」ということにほかならない。

なぜデザイン思考によって新しい市場を創れるのか、そのロジックについて説明する。

すでに市場が存在する場合、自社の市場におけるポジションや他社に対する競争優位性など、市場分析を通じて競争戦略の立案が可能となる。

だが、新しい市場を創る時にはまだ市場が存在しておらず分析できない。クリステンセン教授の『イノベーションのジレンマ』の中でも指摘されている点である。

特に、まだ存在しない市場の規模は正確に算定できないため、市場規模算定の結果を元に市場参入を検討する（ある意味まともな）大企業ほど、新規の市場への参入が遅れる。

結果的に自社で破壊的イノベーションを起こせないばかりか、逆にスタートアップにそれを起こされ、自社の収益源である既存事業すらも毀損されてしまう、というのは破壊的イノベーションの特徴をよく表している。

では、いま存在しない市場をどうやって創るのか。図2.3を用いて説明したい。そのために、まず「市場が存在する、とはどういうことか」から考える。市場が存在するのは、「人々がサービスを利用するから」である。

では、人々がサービスを利用するのはなぜか。それは「そのサービスを使うことで、人々の心が動くから」である。では、人々の心が動くのはなぜか。それは「そのサービスの創る世界観や提供する体験（利便性など）に対して共感・感動するから」である。ならば、人々が共感する世界観や感動する体験を創れば、人々の心が動き、利用され、新しい市場が生まれる。

他者への共感により、サービスの作り手がユーザーの共感・感動体験を解像度高く、自分ごととしてイメージできれば、ユーザーの心を掴むサービスをデザインできるようになる。

デザイン思考で新しい市場（0→1）を生み出せるのは、このようなロジックによる。繰り返しにはなるが、新しい市場を生み出すためには、徹底的に「共感」にこだわることが重要であると覚えておいてほしい。

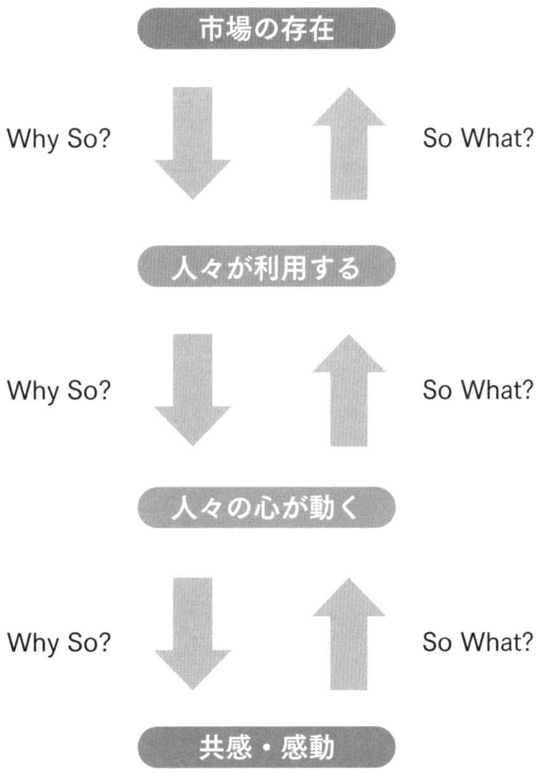

図 2.3　新しい市場が生まれるプロセス

2-4 観察型アプローチの限界

ユーザーに「共感」する方法として、一般的な「観察型アプローチ」及び「5W1Hフレームワーク」を紹介したが、ここでは、前者のアプローチの限界と、(その限界を打破する存在としての)後者のアプローチの有効性を示そう。

まず大前提として、ユーザーの気持ちに「共感」するには、「体験解像度※」を上げなければならない。簡単に言うと、あたかも憑依したかのように、「その人の気持ちになりきる」ということである。

最も一般的であり、多くのデザインファームの勧める方法が「観察」である。実際に街に出かけていろいろな人を観察し、その人の気持ちになりきり困りごとをイメージする。この方法は、周りの状況やユーザーの表情などを視覚や聴覚で観察できるので「体験解像度」を上げやすい。

だがこの方法には限界がある。街で簡単に観察できないペルソナやシーンに対する困りごとをイメージできないことだ。

日常的に観察できる困りごとは、「世の中の困りごと全体」のほんの一部にすぎない(図2.4)。しかも、一つの困りごとを発見するまでに、かなりの時間と労力を要する。

この問題点を解決できるのが、「5W1Hフレームワーク」である。このフレームワークは「仮想体験」をイメージさせることで「共感環境」を作り出すアプローチであり、Who、Where、Whenのペルソナやシーンのキーワードを自由に組み合わせることで、「観察できない世の中のさまざまな困りごと」も共感により見つけ出すことが可能となる。

特に、後述の「共感を高めるテクニック」と併せれば、かなりの「体験解像度」を作り出せるのが特徴である。

もう一つの観察型アプローチの特徴は、破壊的イノベーションよりも、持続的イノベーション(改善)を起こすニーズに対してより有効だという点である。

なぜなら、ユーザーが実際にサービスを利用しているシーンを観察する以上、すでに存在するサービスを前提にしており、その時点で0→1のサービス創出とは相容れないからだ。

一方、5W1Hフレームワークは0からシーズを組み合わせて考案していくため、より自由度が高いと言える。

図 2.4　困りごとの全体母集団

※　他者であるユーザーの体験を、あたかも自分が体験しているかのように解像度高くイメージできているか。

2-5 共感を高めるテクニック

ここでは、5W1Hフレームワークを使って、ユーザーのニーズを探す際に有効な「共感を高めるテクニック」について紹介したい。これまで述べてきたように、共感度を高めるためには、「体験解像度」を高めることが重要である。

Suicaの例では、「せっかちな（時間を無駄にしたくない）ビジネスパーソンが、駅で急いで改札を通ろうとした時」というペルソナとシーンを詳細に描写したことから、体験解像度が高まり、「いちいち切符を買わなくてもすぐに改札を通過したい」というニーズに気づき、「非接触決済技術」というシーズとの新結合でSuicaというソリューションが生まれた。

ここで、上の描写を粗くしてみたらどうだろう。例えば、「ビジネスパーソンのニーズは何か？」とか、「駅でのニーズは何か？」などと聞かれて、すぐにニーズが思い浮かぶ人は少ないのではないだろうか。

体験解像度を高めるテクニックとは、Who、Where、Whenの前にそれぞれ修飾語を付けることで、ユーザーに共感しやすい環境を自ら作り出すことである（図2.5)。

この例で、Whereの前に「混雑した」という修飾語を新たに付けてみよう。

すると、Suicaを使って切符を買う時間と改札を通るわずかな時間を短縮する、というソリューションだけでは不十分となる。そこから、「改札に並ばずにすぐに通りたい」というニーズに気づき、「改札に会員専用VIPレーンを作る」といった新しいソリューションが出てくるかもしれない。

ここで、一つ重要なポイントがある。

Whoの前に付ける修飾語は、「Whoの本源的欲求を表すもの」にするという点である。

「本源的欲求」の詳細については後述するが、簡単に言うと「人間が生まれつき持っている（本能に根差した）欲求」である。「心配性な」「潔癖症の」「自己承認欲求の強い」などが例である。

これらの修飾語を付けるとユーザーに共感しやすくなる。本源的欲求に根差さない修飾語、例えば「地味な」という修飾語を付けても、これはただの「特徴」にすぎず、ユーザーへの共感度は高まらないのがわかるはずだ。

図 2.5　修飾語を付けて 5W1H フレームワークを使った例

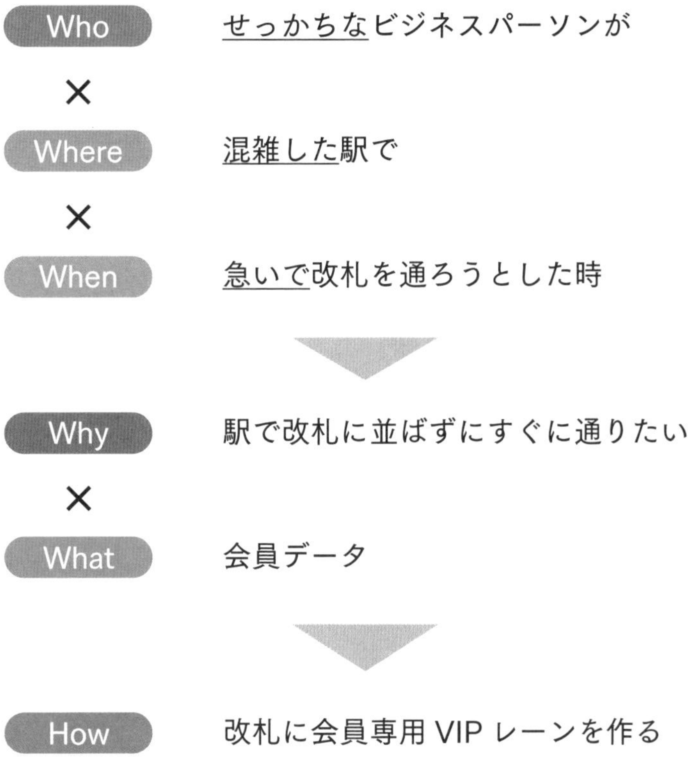

2-6 本源的欲求に着目する

前述した、「本源的欲求に着目する」ことの重要性について考察したい。「本源的欲求」とは、生まれつき誰もが持っている、本能に根差した欲求であり、ニーズを生み出す源泉ともなっている。

「本源的欲求」に着目するメリットは、大きく分けて2つある。

一つは、ユーザーのニーズを発掘しやすいこと、もう一つは、スケールするビジネスアイデアを生み出せることである。

例えば、「Suicaが欲しい」というのはニーズであって本源的欲求ではない。生まれつきSuicaが欲しいという人はいないからである。ニーズは、ある本源的欲求を持つペルソナが、あるシーンに遭遇した時に発生する。

Suicaの例では、せっかちなビジネスパーソンが駅で急いで改札を通ろうとした時に「Suicaが欲しい」というニーズが初めて生まれるのである。すなわち、(本源的欲求)×(シーン)=(ニーズ)という関係が成立する。

ここで、発掘すべきニーズはほぼ無限に存在する。その理由は、この式においてシーンがほぼ無限に存在するからである。そのため、ダイレクトにニーズから探索しようとすると「砂の中から砂金を探すような作業」となってしまう。

しかし、本源的欲求は無限に存在しない。主な人間の欲求はせいぜい数十程度である。そのため、まずはターゲットとする本源的欲求を定め、そこにさまざまなシーンを掛け合わせてニーズを生み出す方がはるかに効率的であり、良質なニーズも見つかりやすい。本源的欲求ときちんと紐づいている限りは的外れなニーズは出てこないからだ。

以上が本源的欲求に着目する一つ目のメリットである。

もう一つのメリットは、本源的欲求をベースにサービスを創るとスケールしやすい点である。

もし、あなたがサービス開発を行う際に、「20代女性向けのサービス」という属性で顧客ターゲットを絞ったなら、たとえ想定どおりにヒットしたとしても、市場規模は「20代女性」のそれに限定される。

しかし、本源的欲求に着目してサービス開発を行えば、本源的欲求は生まれつき誰もが持っているものなので「全人類がターゲット」になり得るのである。

その典型が、GAFAをはじめとする巨大プラットフォーマーだろう。

Facebookは「承認欲求」を、Googleは「認知欲求」を、Amazonは「獲得欲求＋面倒臭いことを避けたい欲求」をシャープに刺激することで、数十億人のユーザーを獲得した。

例えば、Amazonは後発のECサイトでありながら、それまで毎回クレジットカード情報を入力しなければならなかった「面倒臭さ」を「1-Click注文」で解決し、爆発的成功を収めた。

上記のプラットフォーマーがどのような欲求に着目し、良質なソリューションを生み出しているか、5W1Hフレームワークを使って示したのが図2.6である。

ここでさらに注目すべきは、これら3社が想定しているユーザーの利用シーンがすべて「オンライン」だという点である。オンラインを利用することでサービスは場所の制約から解放されてスケールしやすくなる。

この3社のサービスは、本源的欲求をベースにすることで、サービス自体をスケールしやすくし、オンラインで届けることでデリバリー自体もスケールしやすくしている。スケールする要素を2つも掛け合わせているため、爆発的成長を見せたのである。

ちなみに、近年、Amazonの無人コンビニ「Amazon Go」が話題となっているが、5W1HにおけるWhere（買い物をする場所）がオンラインか、リアルのコンビニなのかが異なるだけで、「面倒臭いことを避けたい」という本源的欲求に着目すれば、本質的には同じである。

コンビニだとオンラインではないのでスケールしづらい一方、「Amazon Go」では画像認識技術を使って自動で決済されるため1-Clickさえする必要がない。本源的欲求の観点からだけ見れば、さらに進んだサービスと言えよう。

本源的欲求についてさらに知りたい方は、心理学者ヘンリー・マレーの作った「マレーの欲求リスト」などを参考にすると良いだろう（図2.7）。

図 2.6　巨大プラットフォーマーの例

	本源的欲求	シーン	ニーズ	シーズ	ソリューション
facebook	承認欲求	オンラインで友人と 繋がろうとした時	友人から良い フィードバックが欲しい	いいね！ ボタン	友人が自分の投稿に 「いいね！」 したらお知らせが届く
Google	認知欲求	オンラインで情報を 調べようとした時	良質の情報を効率 よく見つけたい	良質の検索 アルゴリズム	キーワードを入力するだけで 良質な情報に辿り着ける
amazon	獲得欲求 ＋ 面倒臭いことを 避けたい欲求	オンラインで買い物を しようとした時	決済を簡単に 済ませて購入したい	1-Click 注文機能	ボタン一つで決済が終了し クレジットカード情報など いちいち入力しなくて良い

図2.7　本源的欲求の例

物質（モノ・金）	獲得欲求	所有物と財産を得たい・増やしたい
	保持欲求	お金・モノを手放したくない
	保存欲求	モノを収集したい・綺麗な状態で保存したい
	整然秩序欲求	物事を整理整頓したい・秩序立てたい
	構築欲求	組織化したい・作り上げたい・築き上げたい
向上心・野心	承認欲求	認められたい・尊敬されたい・自慢したい
	達成欲求	困難を乗り越えたい・成功したい
	顕示欲求	楽しませたり注意を惹いたりしたい・目立ちたい
	優越欲求	社会的地位を上げたい・他者より優れていたい
保身・自己防衛	不可侵欲求	批判から逃れたい・自尊心を傷つけられないようにしたい
	防衛欲求	自分を正当化したい・非難や軽視から身を守りたい
	屈辱回避欲求	屈辱や辱めを避けたい・失敗して笑われたくない
	反動欲求	失敗をリベンジしたい・克服して名誉を守りたい
支配・権力	支配欲求	他者をコントロールしたい・影響を与えたい・統率したい
	服従欲求	優秀な人に服従したい・協力したい・仕えたい
	模倣欲求	他者を真似たい・同意したい・同化したい
	自律欲求	他者の影響や支配に抵抗したい・独立したい
	攻撃欲求	他者を軽視して意地悪したい・攻撃して奪いたい
	屈従欲求	他者を認め降伏したい・謝罪したい・罰を受け入れたい
	対立欲求	独自的存在でいたい・他者と違った行動をしたい
禁止	非難回避欲求	ルールや法律に従い、処罰や罪を避けたい
愛情	親和欲求	他者と交流したい・仲間に加わりたい・仲良くしたい
	養育欲求	困っている人（弱者）を助けたい・同情したい・保護したい
	援助欲求	保護されたい・同情されたい・愛されたい
	拒絶欲求	他者を無視したい・差別したり他者を排除したりしたい
情報・知識	認知欲求	知識を学びたい・理解したい・好奇心を満たしたい
	説明欲求	指摘したい・証明したい・情報を与えたい・教えたい
娯楽	遊戯欲求	リラックスしたい・気晴らししたい・遊びたい

（マレーの欲求リスト
などをもとに著者作成）

2-7 「デザイン思考テスト」で創造力を測定する

ここまで紹介してきたデザイン思考であるが、個人のデザイン思考力を伸ばすためには、まず現状を把握した上で、繰り返しトレーニングを行っていくことが有用である。

そこでおすすめしたいのが「デザイン思考テスト」である。

このテストは、私が代表を務めるVISITS Technologies社が開発したもので、2020年末時点で月間受検者数が約1万人、人材採用・育成目的で大手企業150社が導入している。法人団体受検の他に、公開テストとして個人受検も可能となっている。

近年は、企業もデザイン思考力の高い人材を求めており、公開テストのスコアは自身のデザイン思考力の証としても活用可能だ。

テストの実際の受検画面イメージを図2.8、図2.9に示した。前述した5W1Hフレームワークを基本とし、アイデアの創造セッションと評価セッションの2部構成となっている。

創造セッションでは、ランダムに表示されるWho、Where、Whenの選択肢から自由にキーワードを組み合わせてペルソナとシーンを設定し、それらからペルソナのニーズ（Why）を想像して記述する。

さらに、ランダムに与えられるシーズ（What）を組み合わせてソリューション（How）を考案する。「新結合」を行う力を測定しているとも言える。

選択肢の組み合わせは1000億通り以上あり、これまで組み合わせたことのない新たな組み合わせを好きなだけ作れる仕組みとなっている。

評価セッションでは、受検者間で互いのアイデアを相互評価する。評価の基準は、ニーズに関しては「共感できるか」「まだ未解決のものか」、ソリューションに関しては、「新規性の高いものか」「実現可能性の高いものか」の軸で評価を行う。

前述したように、イノベーションを生み出すアイデアとは、高い共感度のニーズ（Why）と高い実現可能性のソリューション（How）を生み出す、5W1H（Who、Where、When、Why、What、How）の新たな組み合わせパターン（新結合）の探索活動なので、そのプロセスをオンラインのテストにしたものである。

相互評価させる理由は、「創造的なアイデアとは何か」という問いに対して、世の中に「普遍的な正解」というものが存在しないためである。

ニーズの質は「人々からどれくらい共感されるか」に依存するが、そもそも人々の価値観自体も時代によって変化していく。ある時には「(まだ実現していない) 共感できるニーズ」だったものが、新しいサービスの登場によって解決できるようになった瞬間、そのニーズに対する共感度は下がるだろう。

また、ソリューションの質に関しても、世の中に類似サービスが登場した瞬間に「新規性」はなくなるし、それまで「実現可能性の低かったソリューション」も、新技術の開発により実現可能となるかもしれない。

このように、「創造的なアイデアとは何か」という「普遍的な正解を持たない問い」に対して、デザイン思考テストでは受検者の暗黙知を相互評価という形で収集して、「その瞬間における正解」をアルゴリズムにより生成しているのである。

では、相互評価をする際、受検者の意見を平等に「1人1票」で取り扱って良いのだろうか。答えは「No」である。人には「目利き力」があり、人によってその能力は異なる。また、評価セッションを真面目に行わない受検者もいるかもしれない。

そこで登場するのが、弊社の特許技術であるCI(コンセンサス・インテリジェンス)技術、日本語に訳すと「合意形成技術」というものである。皆で合意を行う際に用いる技術で、参加者の中で誰が「目利き能力」が高いかを数学的に推定し、能力の高い可能性が高い人の「1票の重み」を重くして、全体の合意する収束点(重心)を計算することができる。

デザイン思考テストでは、各受検者の評価パターンから受検者の「目利き力」をまずは算定し、次に「目利き力が高い人たちから良いという評価を受けたアイデアを、たくさん生み出せる人は創造力が高い」という手順で、各受検者の「創造力」も算定する。

繰り返しになるが、これらの能力はトレーニングにより成長することがわかっており、その成長がスコアで可視化できるのは、取り組む人のモチベーション向上にもつながるだろう。

図 2.8　デザイン思考テスト受検画面イメージ①

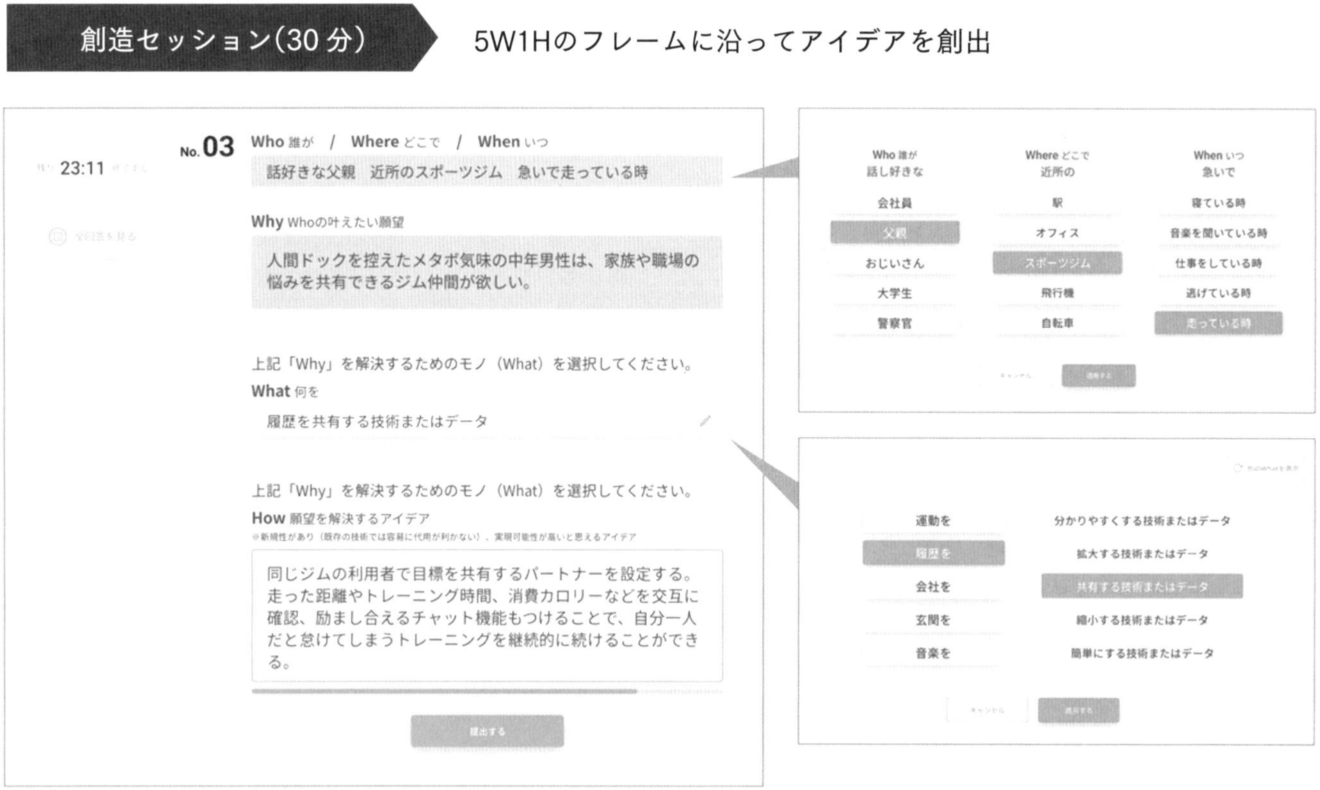

図 2.9　デザイン思考テスト受検画面イメージ②

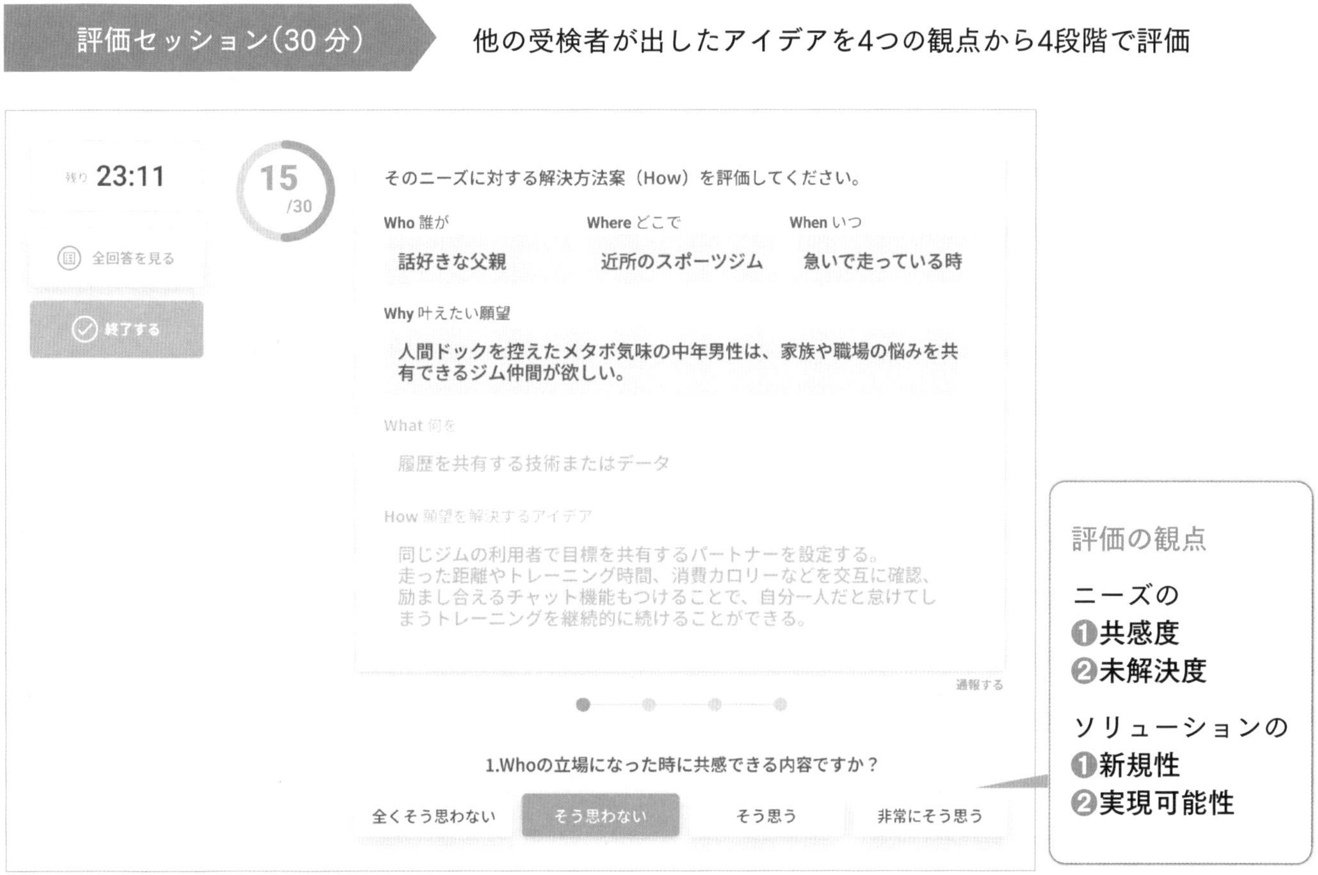

2-8 MVV（ミッション、ビジョン、バリュー）策定への活用

デザイン思考は、新規サービスの開発だけでなく、企業活動のさまざまな局面で有効である。ここでは、企業のMVV（ミッション、ビジョン、バリュー）策定での活用を例にとって、デザイン思考の汎用性について考えてみたい。

新規サービス開発では、ユーザーにどのような体験を提供したいのか（＝Why）を明確にした後、その体験を実現するにはどのような機能が必要か（＝What、How）を考えるというステップを踏む。

企業のMVV策定でも同様の逆算的アプローチで策定を行わなければ、形骸化したものとなってしまう可能性が高い。

図2.10に企業におけるMVV策定のプロセスを示した。もし、ビジョン策定の前に組織が実践すべきバリュー（行動基準、価値観）を策定しようとしても、そのバリューを実践した先に何が実現されるのかが明確でなければ、社員にとってそのバリューを実践するモチベーションはない。

逆に、ビジョン（企業のありたい姿＝Why）が明確で、そのビジョンが皆の「共感」できるものであれば、そのビジョンを実現するための企業としてのミッション（成し遂げる使命＝What、How）に対しても社員は「共感」するだろう。

さらに、そのミッションを成し遂げるために、社員一人ひとりが実践すべき行動指針や大切にすべき価値観であるバリュー（What、How）に対しても、実践するモチベーションが向上するはずである。

このように、組織の人々の心を一つにし、バリューを実践してもらうためには、まずは皆が共感する目的（Why）作りから始めなければならない。まさにデザイン思考のプロセスそのものである。

ただし、ここで重要なのは、ビジョン、ミッション、バリューが一貫性を持って紐づいていることである。すなわち、「このビジョンを実現するためには、このミッションの実現が必要だよね」「このミッション実現のためには、このバリューの実践が必要だよね」という連動があって、かつ皆が共感できるものでなければならない。

図 2.10　MVV 策定のプロセス

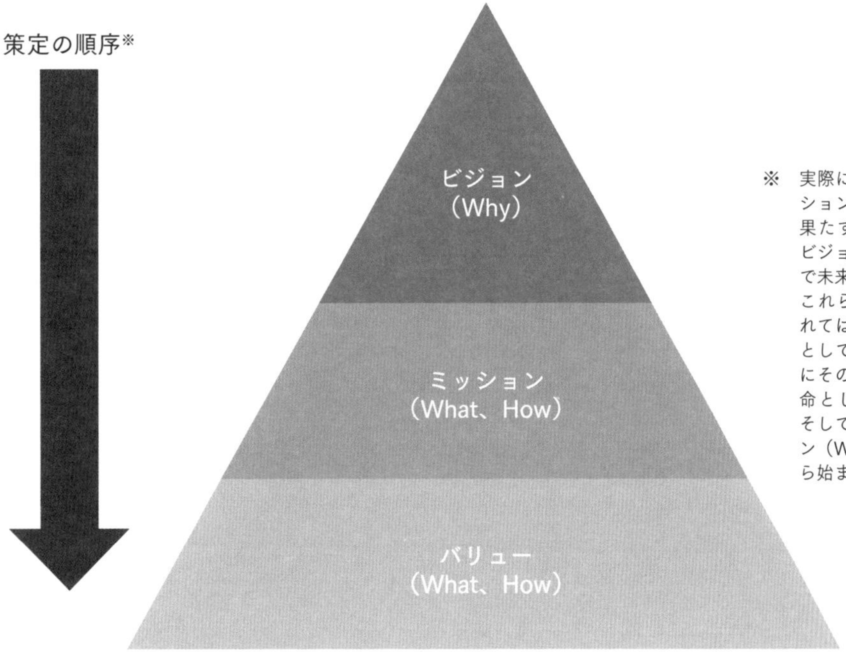

※　実際には「変わることのない企業のミッション」が先にあり、そのミッションを果たす過程において、企業の10年後のビジョン、20年後のビジョンという順序で未来図を描いている企業も多い。
これらの企業においても、（実は明示されてはいないものの）創りたい社会の姿としてのビジョン（Why）から考え、次にその実現のために企業の成し遂げる使命としてのミッション（What、How）、そして企業のありたい姿としてのビジョン（Why）の順に策定しており、Whyから始まっていることに変わりはない。

練習問題

本源的欲求に着目する

STEP 1.

以下の①～③に本源的欲求を表す言葉、④～⑥に形容詞、⑦～⑨に副詞を入れて、ペルソナ（Who）とシーン（Where、When）の解像度を上げてください。

例）「好奇心旺盛な」若者、「混雑した」電車、「楽しく」話している時、など

Who		Where		When	
①○○	若者	④○○	電車	⑦○○	話している時
②○○	ビジネスパーソン	⑤○○	自宅	⑧○○	暇を持て余している時
③○○	高齢者	⑥○○	レストラン	⑨○○	歩いている時

STEP 2.

STEP1の設定をベースにWho、Where、Whenを自由に組み合わせて、WhoのニーズであるWhyをできるだけ多く書き出してください。Whyは「〜したい」や「〜が欲しい」という願望表現で記述してください。最大3×3×3＝27通りの組み合わせがあります。

例）好奇心旺盛な若者が混雑した電車で楽しく話している時
　→電車の中で友人と楽しく話をしているが、周りの音がうるさくて相手が何を言ってるか聞き取りづらい。
　　もっとクリアに相手の言っていることを聞き取りたい（Why）。

STEP 3.

STEP2で記述したWhyの中から、自分自身が最も共感できるWhoの願望を選択してください。そして、そのWhyを以下のWhatとそれぞれ組み合わせて、新しいソリューション（How）1～3を考えてください。

例）好奇心旺盛な若者が混雑した電車で楽しく話している時
　→電車の中で友人と楽しく話をしているが、周りの音がうるさくて相手が何を言ってるか聞き取りづらい。
　　もっとクリアに相手の言っていることを聞き取りたい（Why）。
　→声を音声情報として登録でき、登録した声以外は拾わないイヤホンを開発する（How）。

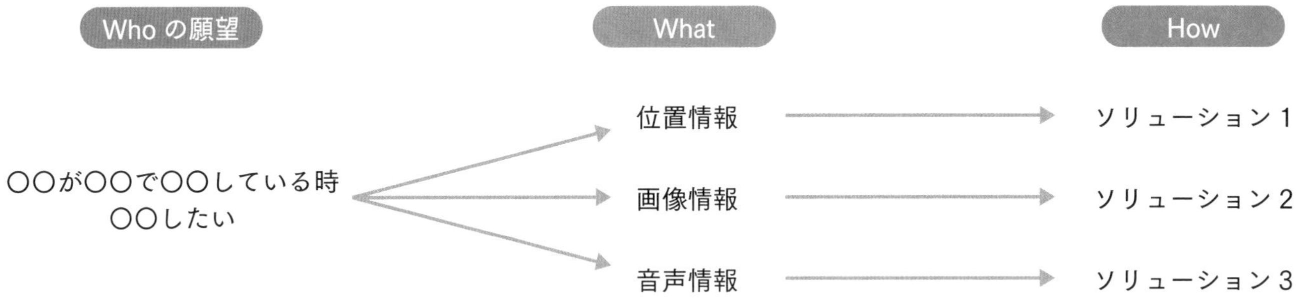

STEP 4.

次はSTEP3で選択したWhyに対し、以下のWhatを用いて新しいソリューション（How）4〜6を考えてください。ソリューションは「新しい○○（What）を開発して」という形式で記述してください。

例）好奇心旺盛な若者が混雑した電車で楽しく話している時
　→電車の中で友人と楽しく話をしているが、周りの音がうるさくて相手が何を言ってるか聞き取りづらい。もっとクリアに相手の言っている事を聞き取りたい（Why）。
　→デジタルサイネージ型の新しいマスク（ウエアラブル）を開発し、相手の話している言葉が表示されるようにする。表示言語選択もでき、他言語の翻訳にも対応してくれる（How）。

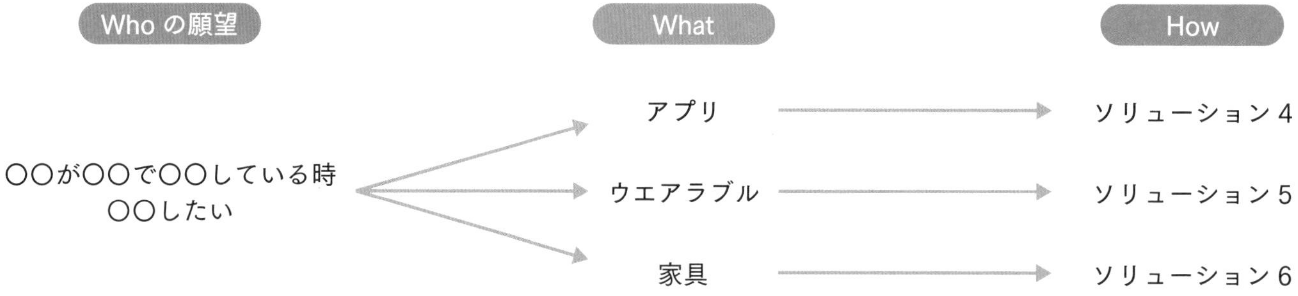

column 2

AI時代に「デザイン思考」が必要な理由

ここでは、「AI時代にこそデザイン思考が必要となる理由」について、図2.11を用いて説明したい。

縦軸は「ニーズ創造的か従属的か」の人のタイプ、すなわち「自らニーズを発見できるタイプか、ニーズは明示されないと考えられないタイプか」を示している。

横軸は「ソリューション創造的か、ソリューション従属的か」の人のタイプ、すなわち、「自らソリューションを発見できるタイプか、ソリューションは明示されないと動けないタイプか」を示している。

ここで①のタイプは、ニーズ（課題）とそのソリューション（解決法）が与えられた状態で、それを正確に再現、実行できる人であり、いわゆる「受験勉強が得意な人」が該当する。

なぜなら、受験勉強においては、課題（設問）に対する解き方を教えられ（与えられ）、何度も練習問題を通じて課題と解き方の紐づけトレーニングをし、試験当日にきっちりその紐づけを実行できれば、良い点をとって合格できるからだ。

ところが、社会に出ると②のタイプの能力も求められる。課題やニーズが与えられた中で、それを実現するためのベストソリューションを自分で見つけ、実行できる人である。いわゆる、「仕事ができる人」と言われる人だ。

仕事の現場では、上司から「こういうことをやりたい」というニーズだけ伝えられたとき、やり方は自ら考え効率的に実行できなければならない。やり方まで指示されないと動けないとか、非効率的なやり方ばかりしているということでは、たちまち「仕事のできない人」というレッテルを貼られるだろう。

受験勉強ができる（＝高学歴）からといって仕事ができるわけではない、と言われるのは、まさに①と②の能力に差分が存在するからである。

ところが、AIが発達すると、①や②の領域は、AIによって代替されていってしまう。①の領域は、仕事で言えば、いわゆる「単純作業」の領域であり、究極的にはAIを使わなくとも単純なルールベースのシステムでも自動化できてしまう。

現在、RPA（ロボティック・プロセス・オートメーション）という名で業務効率化が行われているのは、多くの場合はこの領域である。

一方、AIという最先端技術が大きな変革を起こそうと取り組んでいるのは主に②の領域である。この領域は、これまで「仕事のできる人」の専門領域だったが、ここがAIによって代替されようとしている。

この点について深く理解するためには、(現時点で)「AIにできること」「AIにできないこと」を、その特性から理解する必要がある。

AIが得意な分野、それは「最終的な目的(ニーズ)が与えられた中で、そこに至るまでの最適なプロセス(ソリューション)を膨大な組み合わせの中から探索すること」である。

AIが囲碁や将棋でプロに勝ってしまう現実が、それを如実に表している。すなわち、囲碁や将棋というゲームにおいては、「こうなったら勝ちです(将棋であれば相手の「王」を取れば勝ち)という最終目的」が与えられている。その目的に向けてどの駒をどういう順序で動かしていけば目的を達成できるのか、AIは膨大な計算を行う。

この計算プロセスは、もはや人間が勝てる余地がない。人間がせいぜい数十パターンを頭の中で計算しているうちに、AIは数億通りのパターンを模索し、その中からベストソリューションを導き出すからである。②の領域については、人間は今後、さまざまな分野においてAIに太刀打ちできなくなる。

では、「AIにできないこと」とは何だろう。AIは目的やニーズを自ら創造することができないというのがそれである。その理由は、「AIには共感力がないから」である。人間と違い、AIは人に共感できないため、ユーザーの課題やニーズを発見できない。これはデザイン思考のプロセスを見れば明らかである。言い換えると、AIはデザイン思考ができないとも言える。

となれば、AIに代替されない人材とは「デザイン思考力を持つ人材」ということになる。図で言えば、③の領域にあたる人材、すなわち「自ら取り組むべき課題を見つけ、課題を解決できる人材」である。

今後、AIに代替されないためにも、ぜひ皆さんには「デザイン思考力」を身につけていただきたい。

図 2.11　AI 時代に求められる人物像

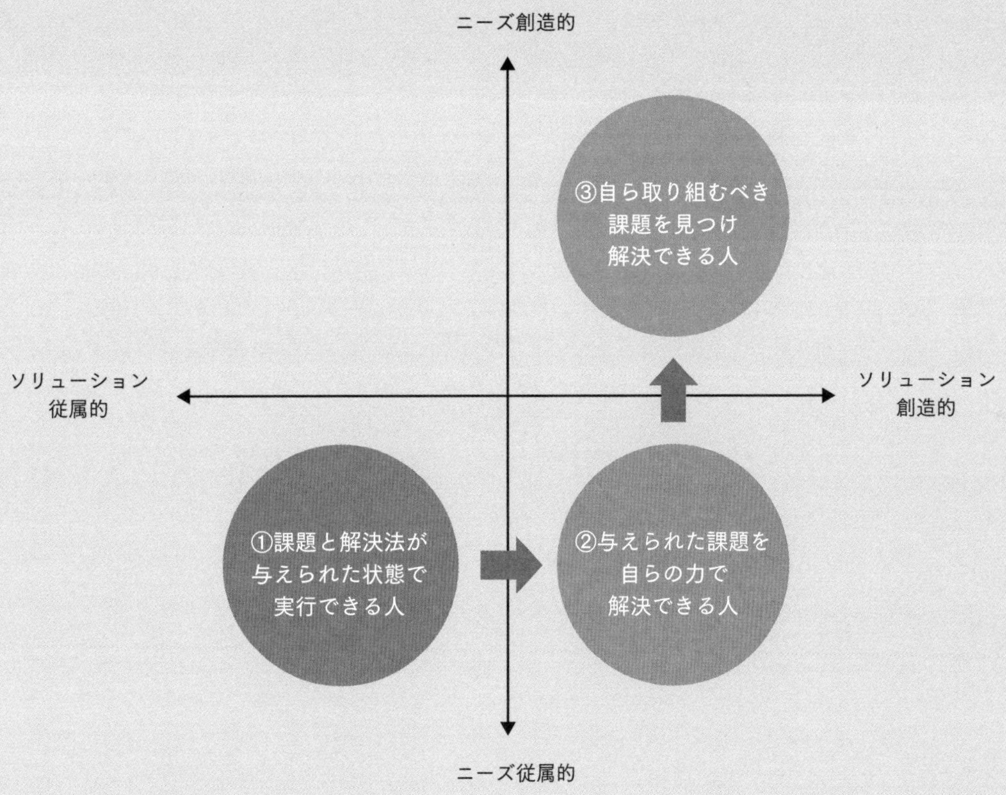

3

統合思考とは

3-1 ニーズを統合する

次に、「統合思考」について説明する。

統合思考は、デザイン思考を行う過程で「アイデアをブラッシュアップするために使う思考法」であり、デザイン思考を実践するために欠かせない思考プロセスである。

統合思考は、ニーズに対してもソリューションに対しても適用できるが、ここでは「ニーズの統合」について考察する。

ニーズの統合とは、「現状、共存できていない2つ以上のニーズを統合すること」であり、特に破壊的イノベーションを起こす上で重要である。先の例を思い出してほしい（図3.1）。

人間は欲張りな生き物であり、満足することを知らない。あるニーズが満たされても、より多くのニーズを同時に満たしてくれるサービスが誕生すれば、次々に目移りしていく。逆に、目移りしてくれるからこそ、企業がリスクを冒して事業投資を行い、サービス開発を行うインセンティブがあるのだ。

では、人があるサービスに不満がなくとも、新たなサービスに目移りする時はどんな時だろう。それは、既存のニーズに加え、新たなニーズも同時に満たしてくれる新サービスが登場した時である。

例えば図3.1で、昔は「目的地に移動したい」というニーズは、極端な話、「道」さえあれば満たされていただろう。「馬車」という存在を知らない人々は、「目的地には歩いて移動するものだ」というのが常識で、何の不満もなかったはずだ。

ところが、ある人が「疲れずに移動できれば、もっと幸せなはずだ」と考え、「移動したい」と「疲れたくない」というニーズを同時に満たすサービスを考えて、初めて「馬車」という移動手段を開発したのである。

さらに、「もっと早く移動できれば、もっと幸せなはずだ」と考えた人が、「移動したい」と「疲れたくない」に「早く着きたい」というニーズを統合し、「蒸気機関車」という移動手段を開発した。

すなわち、イノベーションとは「ニーズ統合の歴史」とも言え、その繰り返しにより新しいイノベーションが起こる。イノベーションを起こすには、潜在ニーズを発見し、既存ニーズと統合するようなサービスを開発すれば良いことがわかる。

図 3.1　ニーズ統合の例①

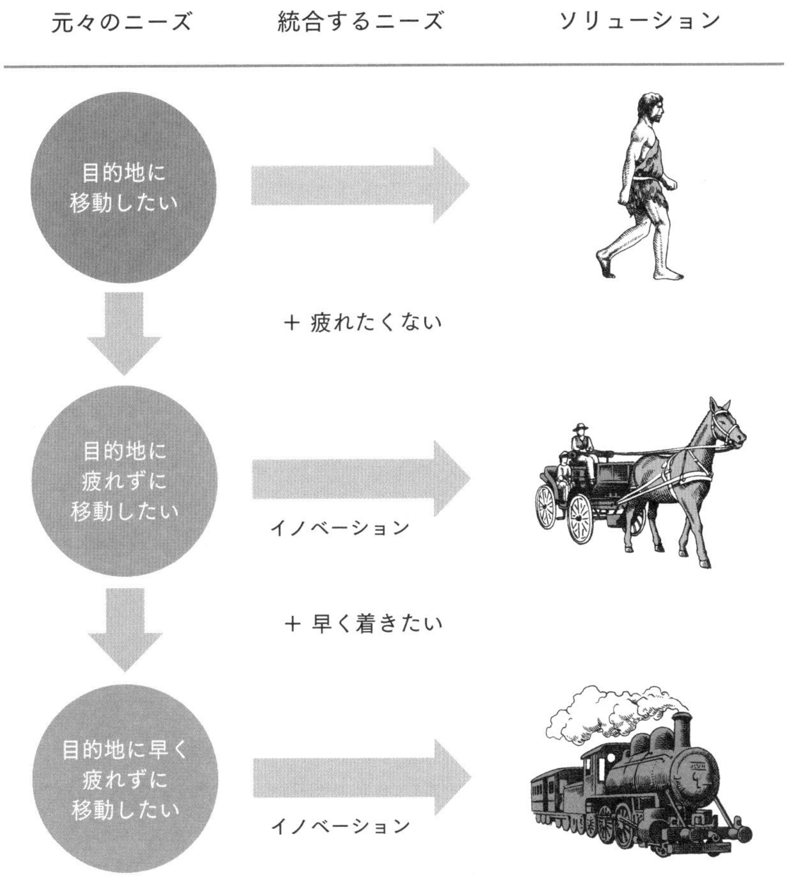

3-2 ニーズ統合の例

もう少し身近な例も見てみよう。図3.2は、ビジネスパーソン御用達の「牛丼」である。

日本では、吉野家、松屋、すき家などの牛丼チェーン店が展開し、長年にわたり愛されてきた。「牛丼」という食べ物自体が美味しいという要素もあるが、他にもヒットの要因がある。

統合思考の観点で見ると、牛丼は忙しいビジネスパーソンをターゲットとし、彼らのニーズである「お金を節約したい」「すぐに食べたい」「美味しいものを食べたい」という3つの統合されたニーズを満たすサービスだと言える。

「お金を節約したい」というニーズは当然存在するだろう。また、忙しいため昼休みなどの空き時間に「すぐに食べたい」というニーズも強い。とはいえ、人間である限り「美味しいものを食べたい」というニーズも普遍的に存在する。これら3つを「同時に満たす」からヒットするのである。

もし、どんなに美味しくても高かったり、提供されるまでに時間がかかったりすると、忙しいビジネスパーソンには受け入れられないだろう。逆に、どんなに安いからといっても、まずいというのも受け入れられない。3つのうちどれか一つが欠けても、今日のような成功はなかっただろう。

もう一つの例を図3.3に示した。「スマホ」である。

スマホの源流をたどると「固定電話」である。固定電話は「遠くにいる相手と話したい」というニーズを満たすサービスである。電話自体は偉大な発明であるが、満たしているニーズとしてはシンプルだ。

その後、「携帯電話」が登場した。当初は、今ではガラケーと呼ばれる「電話したい＋持ち運びたい（どこでも電話したい）」という2つのニーズを同時に満たすサービスで、これが爆発的にヒットした。まさにニーズの統合が行われた瞬間だ。

ところがその後、同じ携帯電話でも「スキマ時間を楽しみたい」というニーズを同時に満たすiPhoneが登場した。スマホと呼ばれるこのサービスが、ガラケーを駆逐し、今の携帯電話の主流となっていることは言うまでもない。

「1つより2つ、2つより3つのニーズ」を満たしたサービスが勝利していく典型的な事例と言えよう。

図 3.2　ニーズ統合の例②

お金を節約したい

＋

すぐに食べたい

＋

美味しいものを食べたい

図 3.3　ニーズ統合の例③

電話したい

＋

持ち運びたい

＋

スキマ時間を楽しみたい

3-3 トレードオフのニーズを統合する

「ニーズを統合する」と言った時、どのようなニーズ同士を統合すれば良いのだろうか。

結論から申し上げよう。「トレードオフの関係にあるニーズ同士を統合」し、そのニーズを満たすサービスを創ることができれば、破壊的イノベーションを起こしやすい。

図3.4を見てほしい。ここで、ニーズAとニーズBはトレードオフの関係にある。すなわち、あるシーンにおいて、「ニーズAを満たすとニーズBを満たすことができず、逆にニーズBを満たすとニーズAを満たせない」という関係が存在する。

この状況で、もしニーズAとBを同時に満たすサービスを創ることができれば、ブルーオーシャンの開拓となり、破壊的イノベーションを起こせる。

なぜなら、他のサービスはすべてトレードオフのラインに沿って存在するはずであり（図3.4のオレンジの点）、このラインから右上に離れたサービスは、市場においてオンリーワンのポジションを確立できるからである。「どちらか一方のニーズしか満たさないサービスを選択するユーザーはもはやいない」という点で、これは「破壊的」である。

では実際にトレードオフのニーズ統合などできるのだろうか。

その代表的な成功例が「ヒートテック」である（図3.5)。

5W1Hフレームワークを使って、ペルソナとシーンを想定してみよう。例えば「周りの目を気にする人が、冬場に街を歩いている時」、どのようなニーズがあるだろうか。

冬場なので当然「暖かくいたい」というニーズはあるだろう。同時に、「周りの目を気にする人」なので、「おしゃれしたい」というニーズもあるだろう。

これは、「ヒートテック」が登場するまではトレードオフのニーズだった。なぜなら、暖かくいるためにはたくさん着込まないといけないが、たくさん着込むとモコモコになって太って見えてしまい、おしゃれができない。逆に、おしゃれをしようとすると薄着になり、寒くて仕方ない。

ヒートテックはこの問題を見事に解決した。薄いけれど暖かく、薄いのでおしゃれもできる。ヒートテックの爆発的ヒットの裏側には、このような理由が存在したのだ。

図 3.4　トレードオフのニーズ

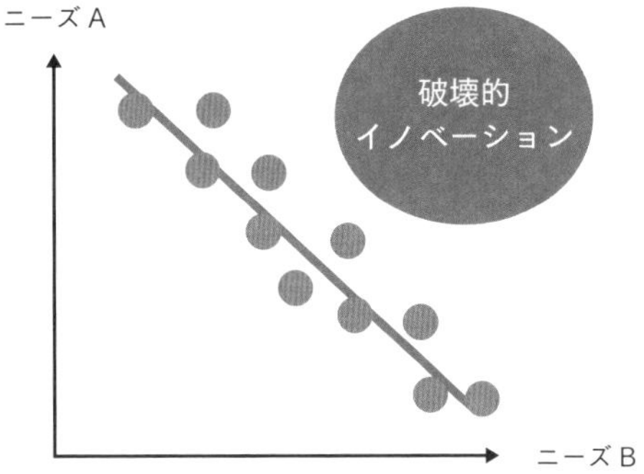

図 3.5　トレードオフのニーズ統合の例①

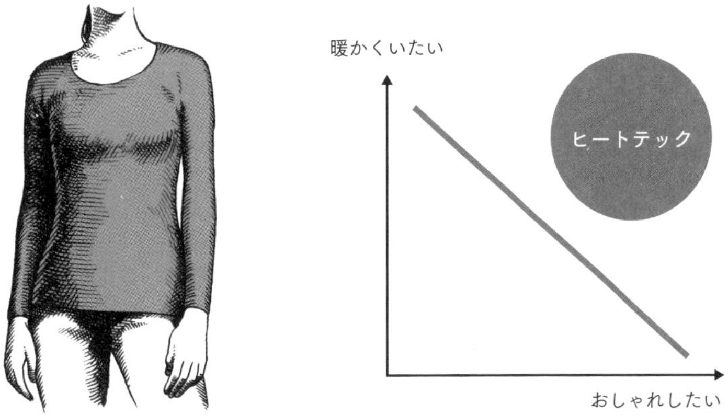

3-4 トレードオフニーズ統合の例

3-2で取り上げた例について、トレードオフの観点から考察してみよう。

図3.6にある牛丼について、「お金を節約したい」「すぐに食べたい」「美味しいものを食べたい」という3つのニーズが統合されていると先に述べた。

このニーズの中で互いにトレードオフの関係にあるものは、①「お金を節約したい」と「美味しいものを食べたい」（安いのに美味しい）という組み合わせと、②「すぐに食べたい」と「美味しいものを食べたい」（早いのに美味しい）という組み合わせである。

①の「安いのに美味しい」というのは、日本にいるとなかなかそうと感じにくいかもしれないが、世界的に見れば、本来はトレードオフの関係にある。値段が高いほど良い食材と腕利きのシェフを用意できるので、高いほど美味しいものを提供しやすいからだ。

②の「早いのに美味しい」は、レトルト食品をイメージすれば理解しやすいだろう。「レトルトはあまり美味しくない」というイメージを持っている人は多いのではないだろうか（とはいえ最近のものは実はかなり美味しいのだが）。

当然、時間をかけて作るほど美味しいものを作りやすいので、これも本来はトレードオフの関係にある。

牛丼は、これらのトレードオフを、「徹底したオペレーションの効率化と良質で低コストの食材仕入れルートの確保」により解決しているのだ。

図3.7のスマホの例では、③「電話したい」と「持ち運びたい」というニーズの組み合わせと、④「スキマ時間を楽しみたい」と「持ち運びたい」というニーズの組み合わせがトレードオフの関係である。

③について、なぜこれがトレードオフなのかと思う方がいるかもしれないが、本来電話は「有線」だったことを思い出してほしい。当時は、「電話しようとすると線があるので持ち運べない」「持ち運ぼうとすると電話できない」というトレードオフが存在していた。

これを無線という技術によって解決したのが、「携帯電話」である。
④についても、「スキマ時間を楽しみたい＝いろいろな機能が欲しい」と考えるとわかりやすい。
いろいろな機能を載せると大きくなってしまうのが一般的であり、「いろいろな機能があるのに小さくて持ち運べる」というのは実はトレードオフを解いている。
あのスティーブ・ジョブズがiPhoneを小さくしろと指示し、でき上がってきた製品を水槽に投げ入れて泡が出てきたことを指し、「泡が出るということはもっと小さくできる証拠だ」と言った話は有名である（それはiPhone ではなくiPodだという説や、そもそも話自体が作り話だという説もあるが）。

図 3.6　トレードオフのニーズ統合の例②

①「お金を節約したい」が
「美味しいものを食べたい」

②「すぐに食べたい」が
「美味しいものを食べたい」

図 3.7　トレードオフのニーズ統合の例③

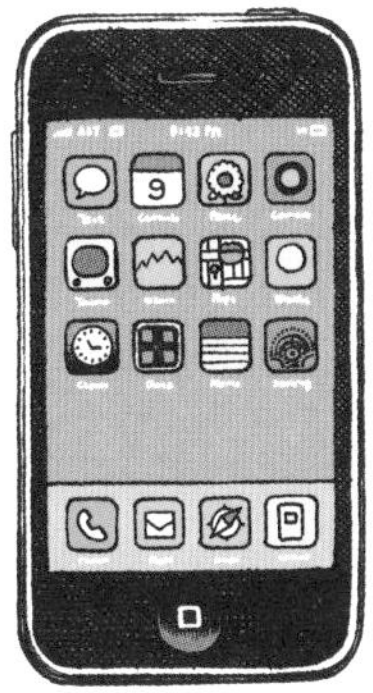

③「電話したい」が
「持ち運びたい」

④「スキマ時間を楽しみたい＝
いろいろな機能が欲しい」が
「持ち運びたい」

3-5 トレードオフなニーズと本源的欲求の統合

もう一つ、コロナ禍で一気に注目度が高まった、AIを活用したオンライン教育サービスについて考察してみたい。ここでは、ニーズ同士ではなく、「ニーズと本源的欲求を統合する」というメソッドについて紹介する。

この方法は、ユーザーニーズが一つ見つかった際に、そこに本源的欲求をひたすら組み合わせて、トレードオフ関係になる本源的欲求を探して統合するというものである。

例えば、学生が勉強をするシーンを想定した場合に、「きっちり（丁寧に）教えてほしい」というニーズを見つけたとしよう。ここで、このニーズに統合する本源的欲求を探してみる。

そして、あなたは気づくだろう。時間をかけてきっちり教えてくれるだけのサービスは世の中にいくらでも存在し、レッドオーシャンである一方で、勉強に「時間をかけたくない」という本源的欲求を同時に満たすサービスはないのではないかと。

通常、きっちり教えてもらうことには時間がかかるので、それと、勉強に時間をかけたくないという本源的欲求はトレードオフ関係にある（図3.8）。

よって、この2つを同時に満たすサービスを考案すればヒットしやすい。この統合ニーズに対して、AIを活用して各学生の問題の解き方や弱点を学習し、その人の能力を最も効率良く向上させる出題やフィードバックを行うサービスが登場し、注目を浴びている。「atama plus」などのスタートアップがその例である。これにより、「時間をかけず」とも効率的に「自分に合った勉強（＝きっちり学べる）」をすることが可能になった。

同時に、このようなアプローチは、「損をしたくない＝お金をかけたくない（＝AIで人件費を削減し、安価で提供可能）」「相手に知られたくない（＝AIと勉強しているので、間違えても恥ずかしくない）」「相手に嫌な思いをさせたくない（＝何度も間違えてもAI先生は気にしない）」「楽をしたい＝動きたくない（＝自宅や好きな場所で好きな時にできる）」等の、他の本源的欲求も同時に満たしており、（AIの精度さえ高ければ）非常にニーズの高いサービスになり得る。

このように、本源的欲求をニーズにどんどん統合し、サービスとして提供していくというメソッドも有効である。

図 3.8　トレードオフなニーズと本源的欲求の統合の例

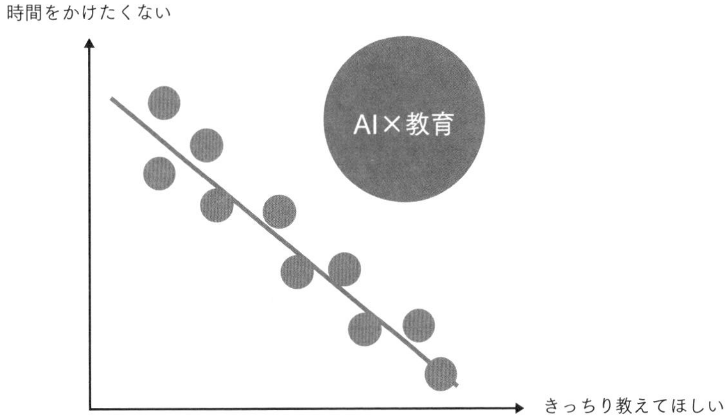

3-6 トレードオフの解決がヒットの源泉

トレードオフのニーズを実現すると爆発的なヒットを生む理由の一つに、マーケティング効果がある。すなわち、口コミにより一気に世の中で広がりやすいのだ。

トレードオフがあるということは、「ニーズAとニーズBは一緒には実現できないはずだ」と、人々が「無意識にあきらめていた」ということを意味する。

「無意識にあきらめていたが、本当は実現してくれると嬉しい」という潜在ニーズが実現された時、人々は感動して、その感動を周りの人たちに伝えようとする。これが口コミの発生するメカニズムである（図3.9）。

人々は、無意識にあきらめている状態では、「○○だから○○（仕方ないよね）」という言葉を発する。一方、トレードオフだったはずのニーズが実現した時には、「○○なのに○○（凄いでしょ！）」という表現に変わる。

「○○だから○○」は、世間一般の認識どおりなので、話し相手への情報価値は低い。一方で、「○○なのに○○」は、世間一般の認識と逆なので、話し相手への情報価値は高い。だから、周りに伝えようとするのだ。

「車なのに東京から大阪まで30分で行けるんだ」と言われると驚くに違いない（現実的に可能かどうかは別として）。あのイーロン・マスクの「ハイパーループ計画」も同様の驚きを世界に与え、多額の資金が彼のもとに集まった。

トレードオフのニーズを実現する、ひいては破壊的イノベーションを起こすということは、「○○だから○○」という無意識のあきらめを、「○○なのに○○」という感動に変換する、という行為にほかならない。

したがって、街中で誰かが、あるいは友人が「○○だから○○」という言葉を発する場面に遭遇したら、チャンスだと思ってほしい。そこに破壊的イノベーションの可能性が潜んでいるかもしれないのだから。

これまで組み合わせたことのなかったシーズ（技術やデータ等）を組み合わせて、本当に実現することはできないか、ひたすら試行錯誤してみる。そしてそれを実現する「新結合」が見つかった時、イノベーションは起こるのである。

図3.9　破壊的イノベーションが起こる構造

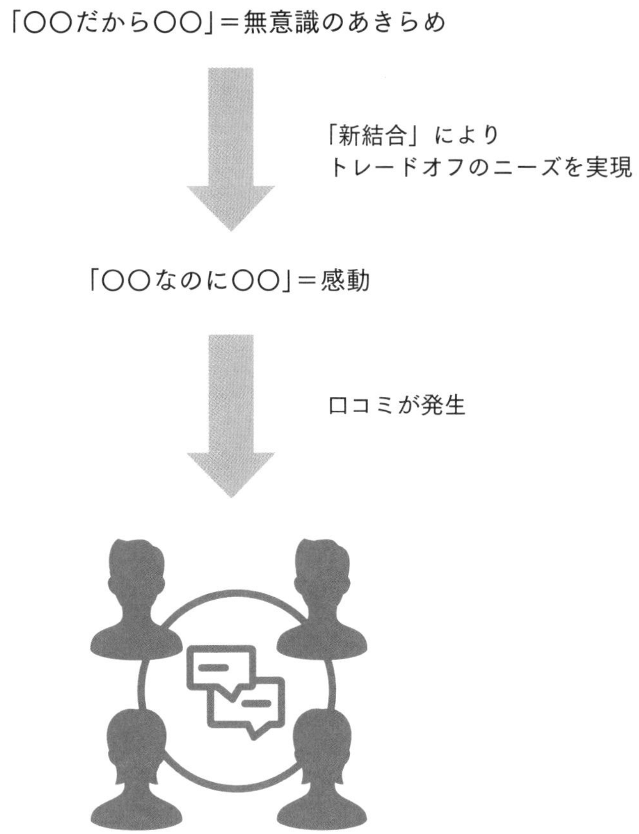

3-7 ソリューションはシンプルに

ニーズの統合をする際、最も注意しなければならないのはUI/UX※のシンプルさだ。例えば、図3.10の2つを見比べてほしい。

左が一般的なテレビのリモコンで、右はApple TVのものである。Appleの方がずっとシンプルである。

一般的に、ニーズを統合すると機能が増える分、操作を行うボタンなども増え、UI/UXが複雑となってしまう。複雑になると、ユーザーの初期のラーニングコストが高くなり、ユーザー体験（UX）の低下につながる。新たなニーズを満たす機能が増えても、ボタンの数や操作の数は変わらないのが理想だ。

まずは、追加しようと思った時に「本当に満たすべきニーズか」を慎重に検証し、追加するにしても、使われていない（ニーズがあまりない）機能を同時に減らすなどの工夫が必要である。

この努力を怠り、どんどん機能を増やしていくと、いわゆる「5％問題」に陥る。例えば、Evernoteは、オンライン上で使用できるノートアプリで、2012年時点で10億ドルの評価額であったが、その後機能を増やし続け不振に陥った。

「5％問題」とは、ユーザーが全機能のうち5％程度しか使用しておらず、各ユーザーが別々の5％を使っている状態を言う。この状態では、どの機能も（誰かが使っているため）減らすことができない一方、多機能なためにラーニングコストが高く、新規ユーザーも入ってこない。前にも後ろにも進めない状態である。

「多くのニーズを満たしながらシンプルである」は思っている以上に重要であり、難しい。スティーブ・ジョブズが優れていたのは、この「シンプルにする才能」だったと言われている。Apple成功の秘訣の一つである。

また、Twitterは「自分の言いたいことを吐き出したい」「自分の言ったことに対する反応を見たい」「他の人が考えていることを知りたい」などのニーズを、たった140文字のツイートというシンプルな機能で実現したのが当時は革新的だった。

すなわち、イノベーションとは「ニーズを統合しながら、UI/UXをシンプルにする行為」とも言える。

図3.10　一般的なTVリモコンとApple製TVリモコンの比較

※　UIとは、ユーザーインターフェイスの略で、ユーザーと製品・サービスの接点を指す。WEBサービスであれば、見た目や操作性を指す。
UXとは、ユーザーエクスペリエンスの略で、ユーザー体験を指す。製品・サービスに触れて、ユーザーが感じることすべてがUXとなる。

3-8 コンセプトに合った機能だけを追加する

ニーズの統合にあたり、「現状、共存できていない2つ以上のニーズを統合」、特に「トレードオフの関係にあるニーズ同士の統合」が良いことは述べた。

では、逆に、統合してはいけないニーズとは、どんなニーズだろうか。例えば、あなたが新しいサービスについて説明を受けた時、「〇〇もできて、〇〇もできて、〇〇もできるんです」と言われたらどうだろう。おそらく、逆に特徴がわからなくなって「結局、一言で言うと何が凄いんですか？」となってしまうだろう。

「何でもできる」は、（特徴がないという意味で）「何もできない」のと同じなのだ。

何も考えずニーズをどんどん統合していくと、上記のようなことは起こりやすい。特にユーザー調査を行ってサービス開発を行う際には、ユーザーのさまざまな意見を取り入れようとしすぎてしまいがちだ。

そのような事態を避けるために重要となるのが、「サービスコンセプト」である。シンプルに「〇〇できる〇〇」とか「〇〇という体験をユーザーに提供する〇〇」という形で、訴求ポイントを絞って明確にするのである。

サービスコンセプトの策定は、最初にユーザーニーズを見つけた後、ニーズをどんどん統合する前の早い段階で策定してしまった方が良い。もちろん、より良いサービスコンセプトを思いついて途中で変更することは問題ないが、あまりコロコロ変わらないように気をつけたい。

サービスコンセプトとニーズ、それを実現するソリューションとしての機能の関係を図3.11に示した。図からわかるように、最も上位の概念に、ユーザー体験を表すサービスコンセプトがある。デザイン思考は実現したいユーザー体験から考え、その後、ソリューション（機能）を考えていく、ということを思い出してほしい。

サービスコンセプトが決まれば、その総合体験としてのコンセプトを実現するために必要なニーズだけを統合していくのである。そして、そのニーズを実現する機能だけを実装する。そうすれば、サービスコンセプトを実現するための機能のみが具

図3.11　サービスコンセプトと統合ニーズ・機能との関係

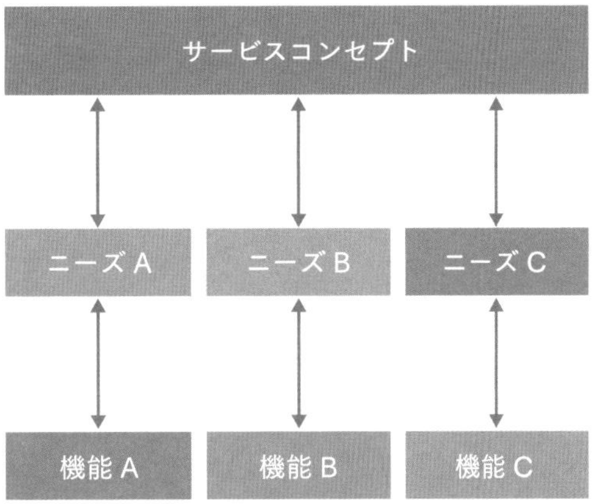

備されるようになり、上記のような「何でもできる問題」には陥らない。

例えば、初代iPodを発表する際、スティーブ・ジョブズは「1000曲をポケットに」という非常にシンプルなメッセージで製品を世に送り出した。

しかし、このメッセージが内包する機能は、「たくさんの曲を記録・再生できる」「ポケットに入るほど小さい」「ポケットに入れて持ち運べるほど軽い」「ポケットに入れて持ち運んでも音が途切れない（当時のウォークマンは振動でよく音が途切れた）」など、実は非常に多い。

もし、スティーブ・ジョブズが、発表会で「○○もできて、○○もできて、○○もできて」などと言っていたら、今のAppleの成功はなかったかもしれない。

重要なのは「1000曲をポケットに」を先に決めたら、そのユーザー体験を実現する機能だけ追加していくことだ。それさえ守れば、機能が増えてもメッセージ性がぼやけることはない。

Amazonも新サービスの開発を始める際、先に発表時のプレスリリースの文章を作成してコンセプトを固めると言われている。これも上記と同様、多くの人がサービス開発に関わり、多くの機能が開発されるほどコンセプトがぼやけていく傾向があるため、開発に関わるすべての人が頭に入れておくべき共通のメッセージを先に明確にしておくのである。

3-9 社会貢献事業を創出する

ここでは、社会貢献事業の創出のアプローチについて考察しよう。近年、ESG（Environment、Social、Governance）やSDGs（Sustainable Development Goals）といった社会課題の解決への社会的ニーズが高まっている。

そして、そうした事業を行う企業こそが素晴らしい企業と社会的に認められる（加点主義）ところから、逆にそうした事業を行わない企業は社会的に認められない（減点主義）、という段階まで来ている。

特に投資の世界では、すでに世界の投資の1/3以上がESG投資となっており、世界の巨大ファンドが続々と、ESGに取り組まない企業には投資を行わないと表明を行っている。企業にとって「社会貢献事業の創出」は不可欠となっている。

では、どのようにして創出すれば良いのか。いくら社会課題の解決に貢献できる事業といっても、ユーザーにとって価値のないサービスは事業としては当然成り立たない。すなわち、ユーザーのニーズを満たしながら、社会課題解決ニーズも満たす必要がある。

ここで有効なのが、「ニーズの統合」である。図3.12に示したように、Who、Where、Whenの組み合わせからユーザーニーズ（Why）を抽出、そこに解決したい社会課題解決ニーズを統合し、そこにシーズ（What）を掛け合わせて、統合ニーズを満たすソリューションを創造するのである。

例えば、回転寿司大手の「あきんどスシロー」は、「好きなタイミングで好きなものを選んで食べたい」という顧客ニーズと、「（食べられずに捨てられる）食品ロス」を減らすという社会課題解決ニーズを統合し、この統合ニーズをAI（What）を活用して解決した。

具体的には、皿の裏にICチップを埋め込み、客数、いつどのネタがどれぐらい食べられたかなどのデータを記録。過去4週間のデータを分析し、流すネタと量、タイミングを予測。実際の混雑状況も勘案し、無駄が出ないように提供した。

このように顧客ニーズと社会課題解決ニーズを統合し（この場合、収益性向上という店舗側のニーズも統合）、その解決を図ることで、社会的にも認められる事業創出が可能となる。

図 3.12　社会課題解決ニーズの統合

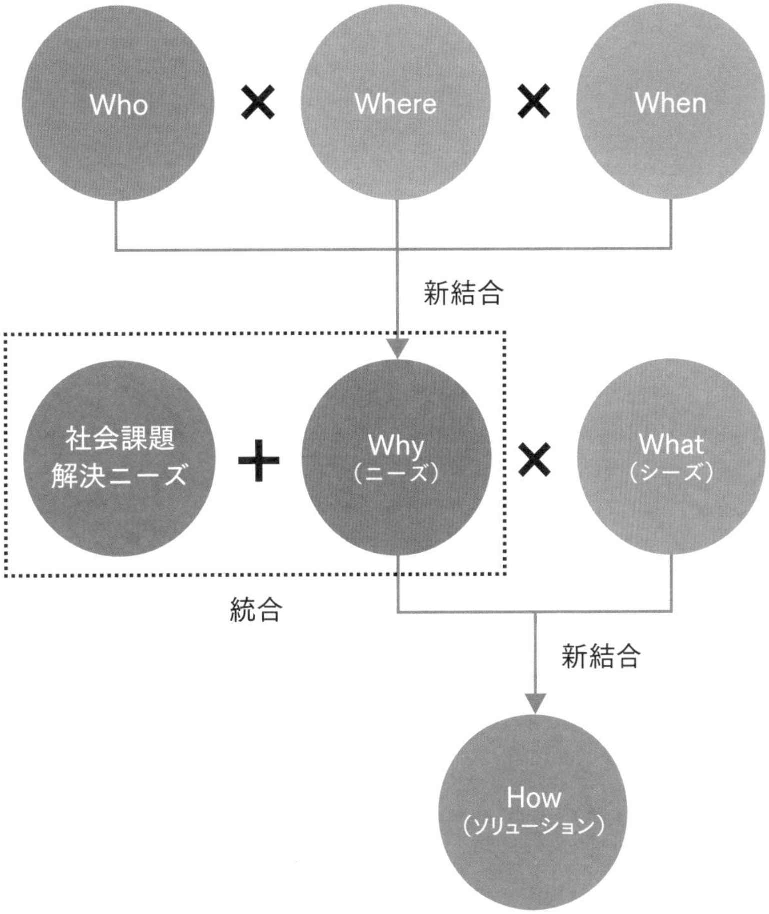

3-10 アナロジー思考を活用する

アナロジー思考とは、「物事を抽象化し、類推（アナロジー）を用いて構造的に類似した他の事柄に当てはめて考える方法」を指す。

一般的に、アナロジー思考ができる人は、想像力や発想力が高いと言われる。ここでは、あるニーズを実現するためのソリューション構築においてアナロジー思考を活用してみよう。

具体的には、「実現したいニーズや提供したい価値をすでに実現している他のサービスを探し、その実現の元となる要素（機能や仕組み）を特定し、それらをソリューションに取り込む」というステップで行う（図3.13）。

例えば、「スポーツの躍動感をよりいっそう感じられるスタジアムを作りたい」というニーズがあったとする。この「躍動感を感じられる」というニーズをすでに実現している他のサービスを探すのだ。

ここで、「あたかも海中にいるかのように感じられる、水中トンネルがある水族館」をイメージするかもしれない。次に、その実現の元となる機能や仕組み、ここでは「透明のガラス越しに間近で見られるようにする」という要素を抽出する。

そして、その要素をスタジアムに転用し、「地面がガラス張りになっていて、選手の下から試合を観戦できるスタジアム」というようなアイデアを出すのである。

このようなスタジアムができれば、選手の真下から「普段は見えない選手の汗しぶき」が見えて躍動感を感じられるかもしれないし、実際に選手と同じように走ってみて、そのスピードに驚くかもしれない。

もちろん、選手側からは地面の下にいる観客が見えないようにするなど、集中してプレーすることへの配慮などは必要ではあるが、このようなスタジアムができれば、スポーツ観戦の楽しみがよりいっそう高まるかもしれない。

すでにお気づきの方もいるかもしれないが、実はここでのアナロジー思考の活用は「ソリューションの統合」という統合思考にほかならない。

統合思考は、ニーズに対してもソリューションに対しても活用可能であることを覚えておいてほしい。

図 3.13　アナロジー思考の活用イメージ

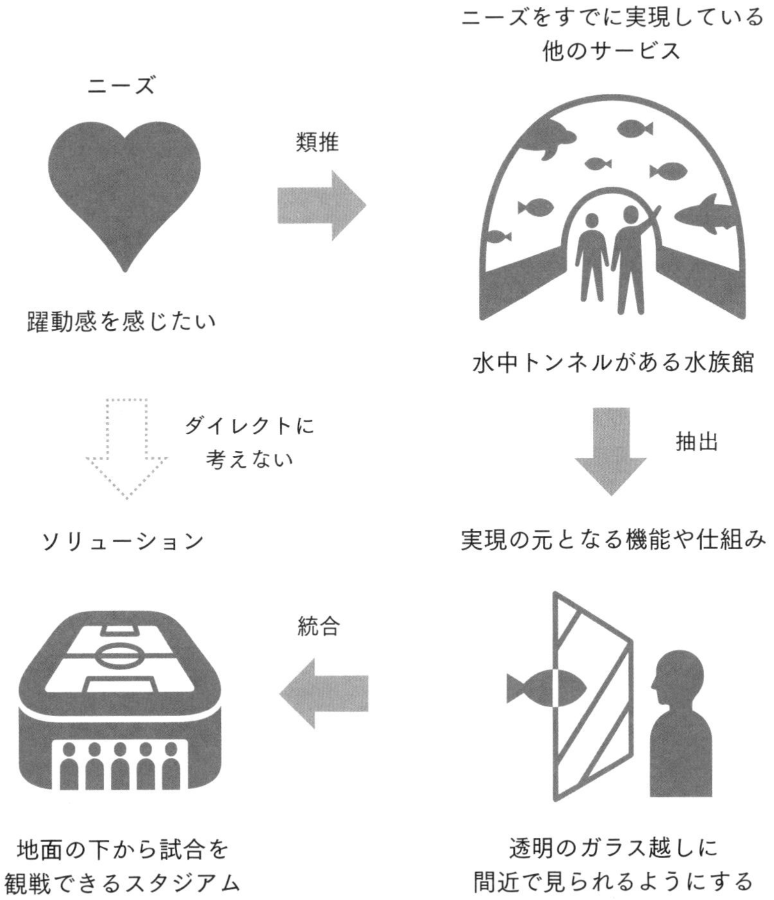

練習問題①
トレードオフのニーズを統合する

STEP 1.

ペルソナとシーンの組み合わせを一つ設定し、そのシーンにおけるペルソナのニーズ（Why）をできるだけ多く考えてください。組み合わせは自由です。

例）

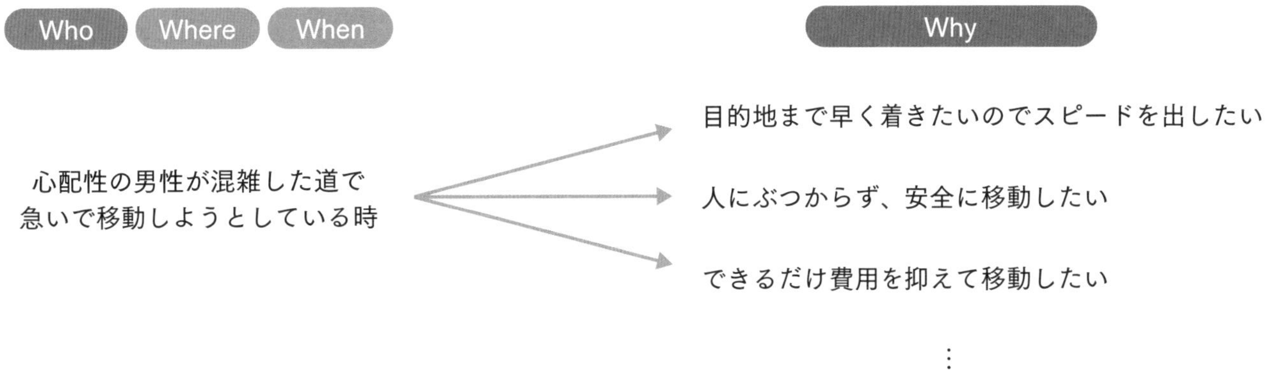

STEP 2.

STEP1 で書き出したニーズの中で、互いにトレードオフ関係にあるニーズを探してください。

例）スピードを出すとぶつかりやすく、ぶつからないようにするとスピードが出せない。

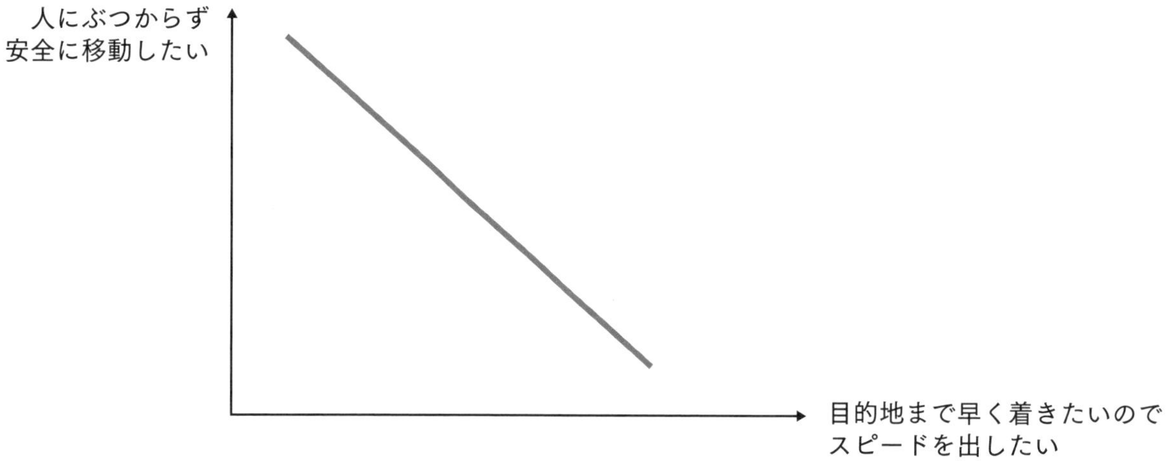

STEP 3.

STEP2で見つけたトレードオフを解決するソリューションを考えてください。

例）歩行者のスマホの位置情報と車の位置情報、車からの視覚情報がデータ連携されており、車から見て死角にいる歩行者が車に接近してきた場合に、音声でドライバーに注意を促してくれるシステムを開発する。

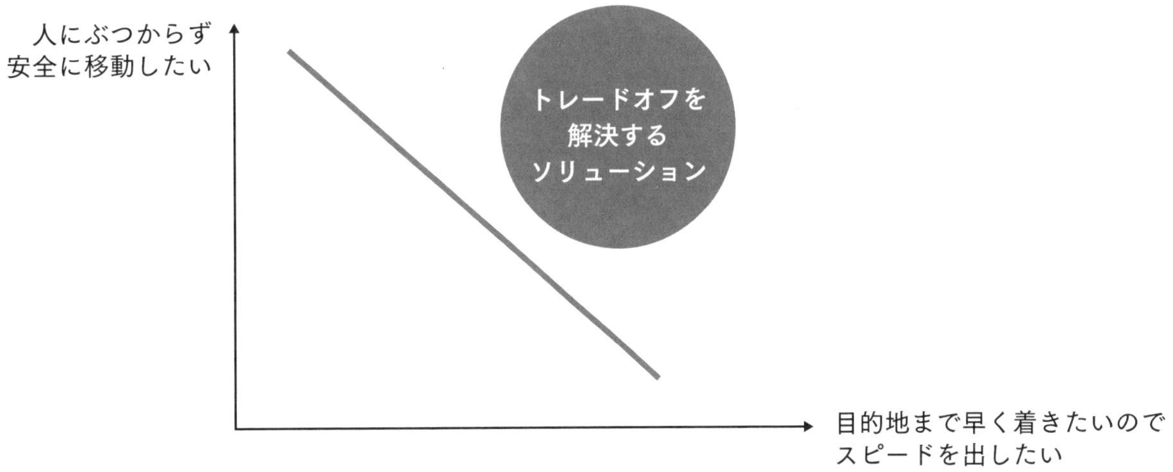

練習問題②

社会貢献事業を創出する

STEP 1.

ペルソナとシーンの組み合わせを一つ設定し、そのシーンにおけるペルソナのニーズ（Why）をできるだけ多く考えてください。組み合わせは自由です

例）

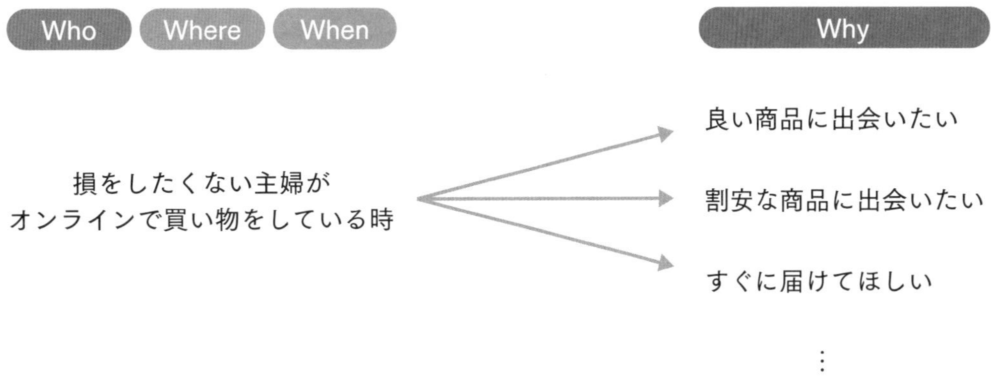

STEP 2.

STEP1で書き出したペルソナのニーズ（一部で良い）と社会課題解決ニーズを統合して、新たな統合ニーズを作ってください。

例）

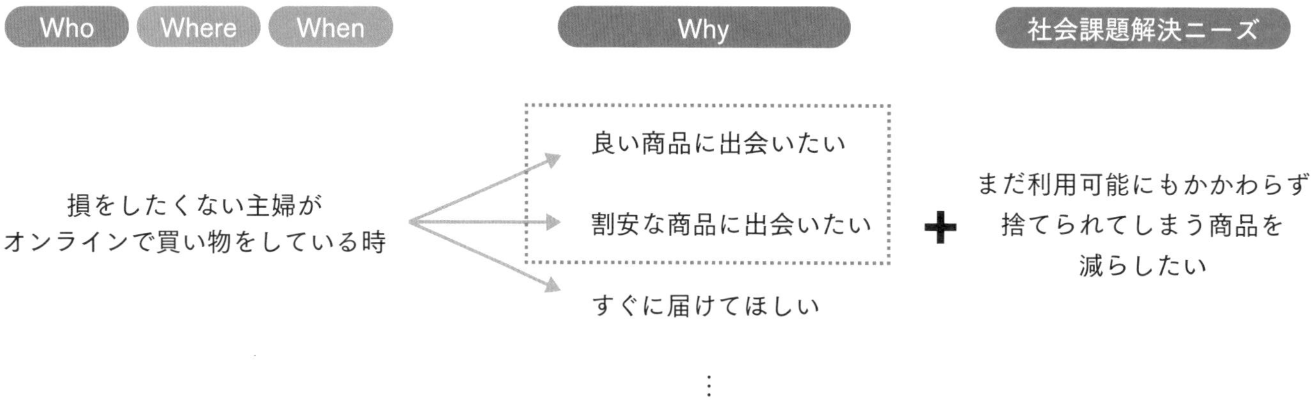

STEP 3.

STEP2の統合ニーズにWhatを自由に組み合わせて（Whatは自分で自由に設定）、統合ニーズを満たす新しいソリューション（How）を考えてください。

例）メルカリをはじめとするフリマアプリ

Why		What		How
良い商品に出会いたい 割安な商品に出会いたい まだ利用可能にもかかわらず捨てられてしまう商品を減らしたい	×	アプリ	→	使わなくなった自分の所有物を商品として出品し、個人間で売買できるアプリを開発する

練習問題③
アナロジー思考を活用する

STEP 1.

ペルソナとシーンの組み合わせを一つ設定し、そのシーンにおけるペルソナのニーズ（Why）を一つ考えてください。

例）

Who Where When	Why
疲れを癒やしたい女性が海外のホテルでゆっくり休もうとした時	いつもと部屋の環境が違ってリラックスできない。ホテルの非日常感も大切にしながら、もう少しリラックスできる環境が欲しい

STEP 2.

STEP1で考えたニーズをすでに満たしている他のサービスを探してください。

例）

Why		他のサービス
いつもと部屋の環境が違ってリラックスできない。 ホテルの非日常感も大切にしながら、 もう少しリラックスできる環境が欲しい	→	自宅

STEP 3.

STEP２で見つけた他のサービスが、すでにペルソナのニーズを満たしている理由を考え、そのニーズを満たす要素（機能や仕組み）を抽出してください。

例）

自宅がリラックス
できる理由

ニーズを満たす要素

お気に入りの化粧品や寝具が揃っている

どこに何があるか把握できている

ドリンク代など高額な値段がチャージされない

⋮

STEP 4.

STEP3で抽出した要素をSTEP1で考えたシーンに統合し、ペルソナのニーズ（Why）を満たす新しいサービス（例の場合、「新しいホテル」）を考案してください。

例）

ニーズを満たす要素

お気に入りの化粧品や寝具が揃っている

どこに何があるか把握できている

ドリンク代など高額な値段がチャージされない

＋

ホテル

新しいサービス

事前に部屋に配置される化粧品や寝具がアプリから選択してオーダーでき、どこに置いてあるかや使い方等も表示される。冷蔵庫に入れておくドリンクも好きなものをオーダーできて価格も安い、オーダーメイド型サービスが揃ったホテル

column

3 アートとデザインの違い

日本においては、「アート」と「デザイン」が混同されることが多い。これら2つの違いを明確に説明できる人は、どれくらいいるだろうか。

これらの違いを理解するためには、「アーティスト」と「デザイナー」の違いを考えるとわかりやすい。図3.14は、それらの違いを示している。

アーティストは、自分の世界観を「表現」するのが目的である。一方、デザイナーは、ペルソナの「課題解決」が目的であり、作品等による表現は目的を達成するための「手段」にすぎない。すなわち、目的という観点で見ると、「アートvs.デザイン」は「表現 vs. 課題解決」という構図である。

アーティストは自分の世界観を「表現」するのが目的であり、世の中の人の価値観に必ずしも合わせに行くわけではない。そのため、「あのアーティストの絵は今でこそ1億円という高額で取引されているけど、生きていた時代はまったく認められなくて貧乏だった」ということが起こり得る。人々の価値観が当時は作品の描く世界観に追いついておらず、今の時代に（もしかしたら偶然に）価値観が合ったというケースである。

一方、デザイナーは、あるペルソナの課題解決を目的としているため、その解決手段としての作品やサービスは、（きちんとニーズを抽出できている限り）世の中に受け入れられやすい。「自分からボールに当てに行っているのでヒットになりやすい」というイメージである。ボールを見ずに思いっきりバットを振るアーティストとは、同じバッターボックスに立つといっても（同じ作品を創るといっても）、まったく対照的である。

例えば、会社のロゴのデザインをアーティストとデザイナーに発注すると、アーティストは、「自分はこの色、フォントが好きなので、こんなデザインにしました」と言うかもしれない。

一方で、デザイナーは「御社の顧客には、こんな印象を持ってもらうのが良いと思ったので、この色、フォントを使ってデザインしてみました」と言うだろう。同じデザインをしてもまったくアプローチが異なるに違いない。

仕事としてサービスデザインをする場合は、きっちり世の中のニーズを捉える必要があるため、デザイナータイプの考え、

図 3.14　アーティストとデザイナーの違い

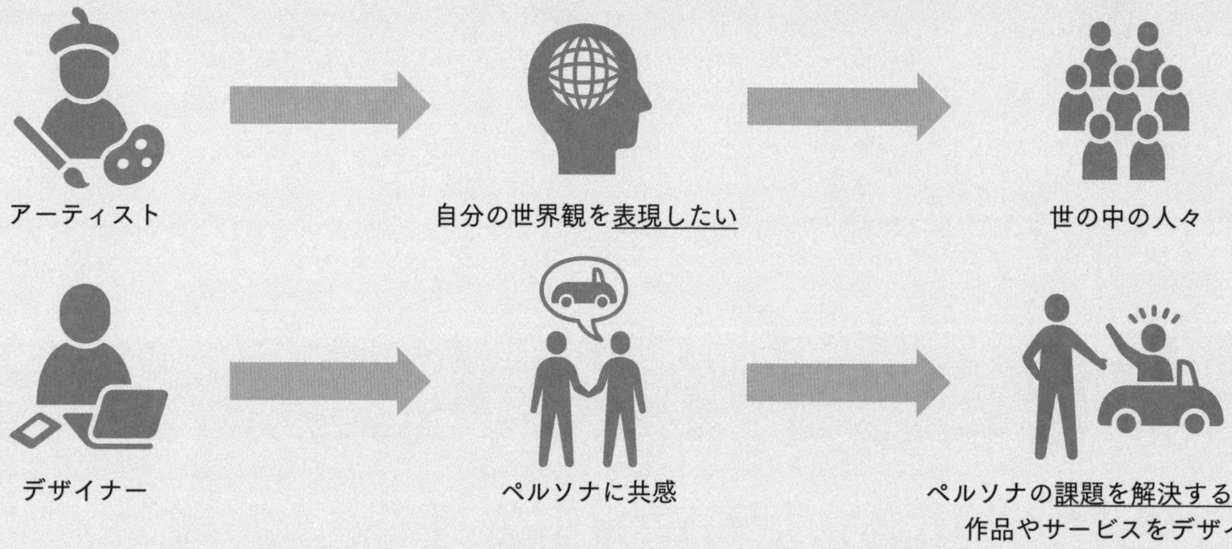

すなわちデザイン思考が重要となる。

先般「アート思考」という考え方が登場し、0→1は「アート思考」、1→10が「デザイン思考」と言われることもある。

しかし、実際には、他者に共感することが「デザイン思考」で、自分に共感することが「アート思考」だとすれば、本質的には共感先が異なるだけであり、「共感」から始まるという点は同じである。特に「本源的欲求」に着目すると、自分であれ、他者であれ、人間である以上、本源的欲求に変わりはない。

「アート思考」であっても、本源的欲求を満たすサービスを生み出さない限り、人々の共感を得られず0→1のヒットは生まれないし、「デザイン思考」であっても、人々の共感を得られれば0→1のヒットを生める。「アート思考」や「デザイン思考」というトレンドに踊らされるのではなく、本書で何度も伝えているとおり、「本源的欲求」に着目し、「共感」から始めるという本質を大切にしてもらいたい。

4

転換思考とは

4-1 検証されていない世の中の「あたりまえ」を疑う

次に、「転換思考」について紹介しよう。「転換思考」も統合思考と同様、デザイン思考を行う過程で「アイデアをブラッシュアップするために使う思考法」であるため、デザイン思考に不可欠な思考法である。また、前述の「アート思考」においても重要視されている思考法である。

しかし、本書においては直感的アプローチではなく、より論理的なアプローチを紹介したい。転換思考は、ニーズに対してもソリューションに対しても適用できるが、ここでは「ソリューションの転換」について考察する。

多くの人々がイノベーションを起こせない理由は何だろう。大きな理由の一つが「バイアス」である。

バイアスとは「○○は○○だ」という勝手な思い込みである。この「思い込み」が思考の幅を狭めてしまう。5W1Hフレームワークで考えると、同じ組み合わせでしかものを考えられなくなっている状態を指す。

このような状態を打破するために有効なのが、「検証されていない世の中のあたりまえを疑うこと」である。

例えば、「○○というニーズ（Why）を実現するためには、○○という技術（What）を使って、こうやって実現（How）しなければならない。これは何十年も弊社で培ってきた伝統の技術だ」という「あたりまえ」がある会社の社内にあったとしよう。

その会社で新たなイノベーションは起こるだろうか。技術をさらに洗練させることによって「持続的イノベーション」は起こせるかもしれない。しかし、世の中をあっと驚かせるような「破壊的イノベーション」は期待できないだろう。

破壊的イノベーションを起こすためには、「そうは言っても、実は、○○技術を使った方が良いんじゃないか」と「あたりまえ」を疑い、どんどん新しい組み合わせを試してみることだ。その結果、思いもよらない組み合わせが、より良くニーズを実現できる可能性がある。

例えば、「同じ品質のものをコスト1/10で実現できた」という形で実現できるかもしれない。イーロン・マスク率いるSpaceXの「再使用ロケットによって宇宙への輸送コストを1/100に下げる」という目標は、「ロケットは使い捨てするもの

図 4.1　世の中の「あたりまえ」全体

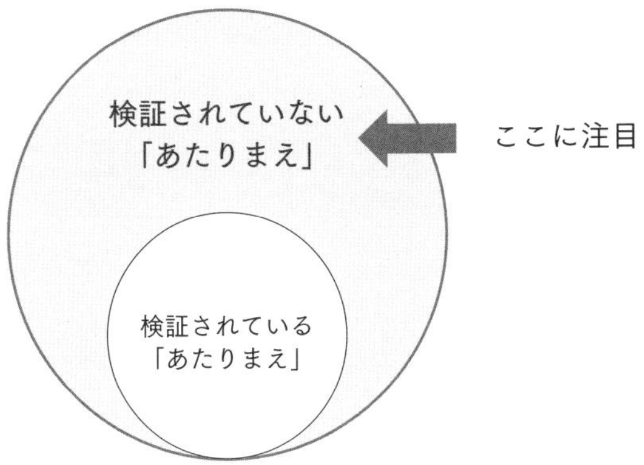

図 4.2　検証されていない
「あたりまえ（=〇〇は〇〇である)」全体

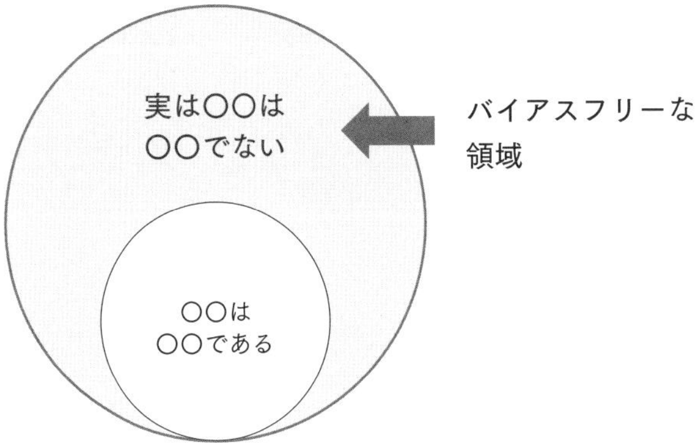

だ」という「あたりまえ」を疑うことで、宇宙ビジネス分野における破壊的イノベーションを起こそうとしている。

イノベーションに関してはしばしば、「よそ者、バカ者からイノベーションが始まる」と言われるが、それは、よそ者やバカ者だからこそ、従来の考え方に囚われず、バイアスフリーにものを考えられるという意味合いである。

図4.1は、世の中の「あたりまえ」全体を示している。世の中の「あたりまえ」の中には、すでに検証されている「あたりまえ」も当然存在する。しかし、検証されていないにもかかわらず、なぜか人々が勝手に「あたりまえ」と思い込んでいる領域が存在する。いわば、「無意識の前提条件」である。

ここにさらに注目すると（図4.2)、「実際に検証してみたら、本当に思い込みどおりの結果だった。〇〇は〇〇である」という「あたりまえと真実が一致する」ケースと、「実際に検証して

図4.3　新しい前提条件でソリューションを考える

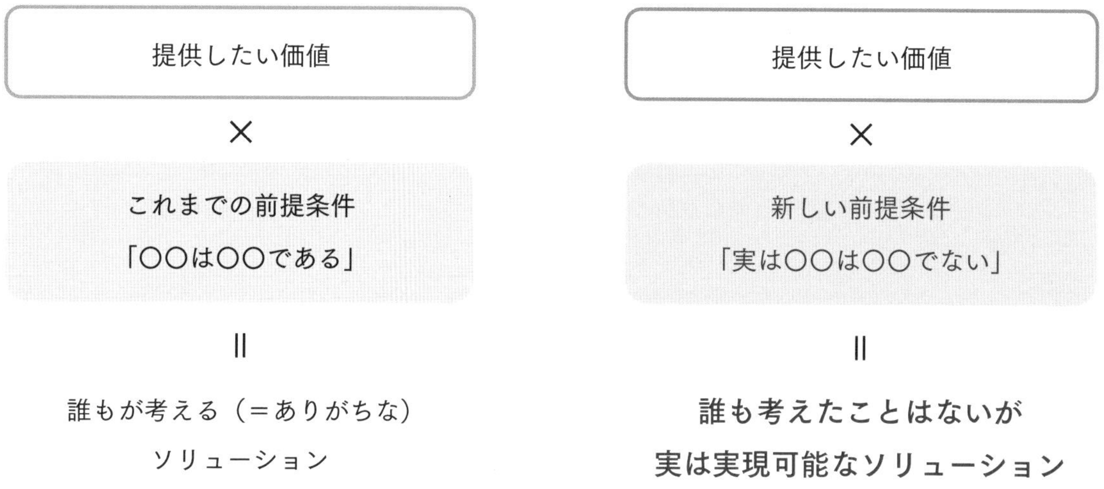

みたら、想定外の結果だった。実は○○は○○でない」という「あたりまえと真実が一致しない」ケースが存在する。

そして、後者の「実は○○は○○でない」という「新しい前提条件」でものを考える人はほとんどいない。したがって、その条件下で生まれる「誰も考えたことはないが、実は実現可能なソリューション」は、いわゆる「ブルーオーシャン・アイデア」となる可能性が高い（図4.3）。

また図4.4には、新しい前提条件で実際に新サービスが生まれた身近な例を挙げた。

このように、転換思考とは「検証されていない世の中のあたりまえを疑い、実際に検証する。そして、誰も考えたことのない新しい前提条件を発掘し、まったく新しい切り口からものを考える思考」である。

図 4.4　新しい前提条件で生み出されたソリューション

これまでの前提条件	自動車は人間が運転するものだ	自動車は自分で所有するものだ	タクシーは拾うものだ
新しい前提条件	自動車は人間が運転するものではない	自動車は自分で所有するものではない	タクシーは拾うものではない
生まれたサービス	自動運転	カーシェアリング	ライドシェアサービス

4-2 無意識の前提条件を抽出する

前述の移動手段の変遷の例を用い、実際にどのようにして転換思考を使うのか、そのステップを示したい。ここでは、ソリューションに対してだけでなく、ニーズ発掘に対しても転換思考を活用してみる。

図4.5において、人類の最も原始的な「目的地に移動したい」というニーズに対するソリューションは、「歩いて移動する」という非常にシンプルなものだった。

ここで、「無意識のあきらめ」の原因となっている「無意識の前提条件」を抽出してみる。ニーズに着目すると、「長距離移動は（どうしても）疲れてしまう」という前提条件がある。

このように前提条件を抽出できたなら、「疲れなくても良いのでは？」という問いを「機械的に」生成する。そうして初めて、新たな潜在ニーズ「目的地に疲れずに移動したい」が発掘される。「無意識にあきらめていた願望」の発掘である。

新たな潜在ニーズが生まれれば、それを実現するためのソリューションを考えることになるが、ここでも「無意識の前提条件」が存在する。それは、「長距離移動は自分で歩いてするものだ」というものである。

同様に、「自分で歩かなくても良いのでは？」という問いを機械的に生成し、その問いに答える形でさまざまなシーズを組み合わせ、「馬」との組み合わせで初めて「馬車」が誕生する。

デザイン思考では、ニーズのデザインをしてからソリューションをデザインするが、上記ではニーズとソリューションのデザインの各過程で転換思考を組み込んでいる。

同様に、「長距離移動は馬車でするもので、1日100kmほどしか移動できない」という無意識の前提条件を抽出。「もっと早く到着できても良いのでは？」という問いを生成し、「目的地に早く疲れずに到着したい」という新たな潜在ニーズを発掘する。

この潜在ニーズを実現するために、「長距離移動は馬車でするものだ」という前提条件を抽出し、「馬車以外でも良いのでは？」という問いを生成。当時の最先端である「蒸気機関技術」と組み合わせて「蒸気機関車」という新しいソリューションが誕生する。

しかし、「馬車以外でも良いのでは？」という問いに対し、「では、馬以外に引いてもらおう」と考えて、牛、豚、トナカイと

図 4.5 「あたりまえ」の変遷

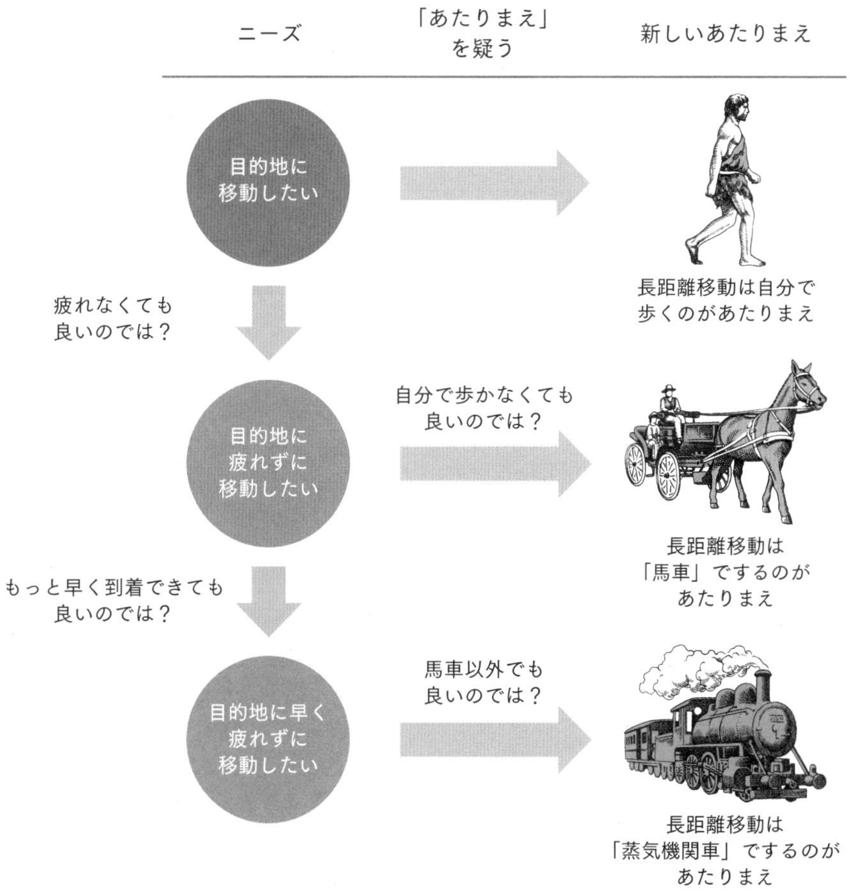

いった案は出てきても、多くの場合、なかなか動物以外のソリューション、ましてや「鉄の塊（列車）に乗ろう」までは思考が飛びきらない。

その原因は「体験によるバイアス」である。人は、過去の体験に引っ張られる傾向が非常に強く、体験したことの延長線上にあるもの以外、想像ができないのだ。

実際、当時の有識者が集まって「未来の移動手段」について議論した記録が残っており、それは「筋肉隆々の馬に引かれる馬車」だったらしい。有識者ですら、それほどまでに体験によるバイアスが強かったことを示している。

こうしたバイアスを解く一つの方法として「抽象化と具体化」がある。この手法について次項以降で紹介しよう。

4-3 抽象化と具体化

ここでは転換思考で有効となる「抽象化と具体化」について紹介しよう。この方法により、思考の中でバイアスにより見落としている領域を洗い出すことが可能となる。

例として「新しいペットを考案する」をテーマとしよう。人々は日常生活において、非常に具体的にものを捉える傾向がある。

例えば、図4.6の一番左下の「田中さん家の犬の『ジョン』」は、最も具体的で目で観察できる状態だが、この状態からスタートし、これを抽象化していく。どんどん抽象化していくと、究極的には「ジョンは『生き物』である」となる。

この各抽象化のステージにおいて転換思考を用い、新しいペットを考えてみる。

「田中さん家の犬の『ジョン』」を転換しても「田中さん家の犬の『マイク』」程度にしかならないが、これを1段階抽象化した「ジョンは『犬』である」を転換すると「猫」という新しいペットが生まれる。

究極的には、「ジョンは『生き物』である」を転換し、「ジョンは『ロボット』である」となり、aiboのようなロボット型の革新的なペットが生み出されることになる。

抽象化と具体化の関係を全体集合の観点から示したのが図4.7である。ジョンは非常に具体的であるため、その集合は限りなく小さい。そこから抽象化していくたびに集合は大きくなっていく。つまり、ジョン集合＜犬集合＜哺乳類集合＜生き物集合＜ペット全体集合の関係がある。

転換思考とは「その集合の外側に思考を展開する」という思考であるが、ジョン集合の外には、犬集合、哺乳類集合、生き物集合があり、外に思考を飛ばしても、いぜんこれらの集合内で考えてしまう可能性が高い。

一方で、最も抽象化された「生き物」という外側の状態から、さらに外に思考を飛ばせば、思考は最も遠くに飛ばしやすくなる。「抽象化×転換思考」が有効な理由はここにある。

このように、あるモノを見て抽象化して転換してみるという考える癖をつけると、思考の幅が広がり、新しいアイデアが生まれやすい。これは、イノベーターと呼ばれる人々が日々行っている思考プロセスである。

図 4.6　抽象化と具体化

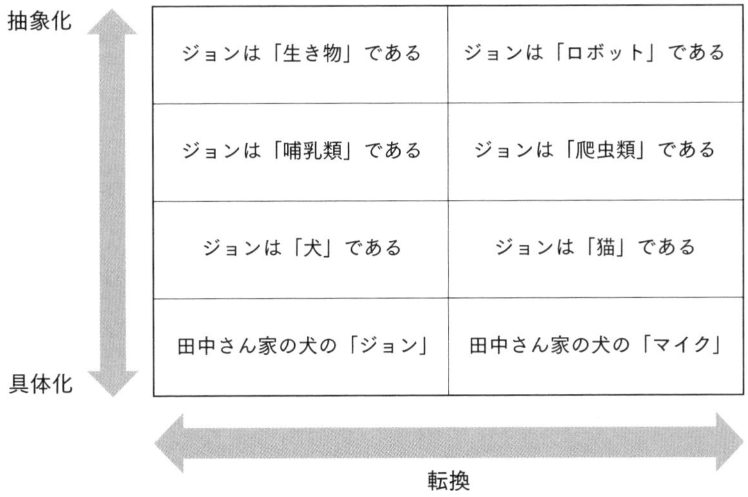

図 4.7　ペット全体集合イメージ

4-4 建設的批判を行う

次に、「建設的批判の重要性」について説明する。「建設的批判」とは、読んで字のごとく、「建設的」、すなわち議論を前に進めるために、互いに「批判」をあえて行うことである。

ここで重要なのは、「建設的」であることだ。議論が止まってしまうような「筋の悪い批判」も良くはないが、「こんなアイデア出すなんてセンスがない」という人格否定はもってのほかである。

例えば、夜中まで企画書を書いていて「これは最高のできだ！」と思っていたのに、翌朝に読んでみたら「これのどこが良いんだろう？」と感じた経験はないだろうか。人間という生き物は、物事に集中して没入すると、非常に「主観的」になる傾向がある。

この集中しているという状態は、ある目的とやり方が決まっていて、それを早く成し遂げるという局面においては非常に有効である一方、転換思考のようなバイアスフリーな状態で「客観的」に物事を捉えなければならない局面においては障害となり得る。企画というある意味クリエイティブな仕事を行う際には、「ずっと集中した状態」というのは良くない。

一番良いのは、バイアスフリーになるためのリラックスした状態と集中した状態を、「交互に繰り返す」ことである。

1人で企画書を書くならば、一気に書き上げる前に、途中で誰かまったく企画に関わっていない人にフィードバックをもらうのが良い（図4.8）。

また、グループワークで新しいアイデアを考えるなら、グループワーク外の人に客観的なフィードバックをもらおう。

そして、フィードバックをお願いされた人は、転換思考のプロセスにおける「無意識の前提条件」を意識しながらフィードバックしよう。なぜなら、フィードバックの目的が、当該アイデアを生み出している人たちの「バイアス」を解いてあげることだからだ。

具体的には、「本当に○○は必要？」「○○でなくても良いんじゃないかな？」といった問いかけを行う。ここで求められているのは、「自分はこう思う」という意見や答えを出すことではない。相手のバイアスに気づかせてあげることである。

図 4.8　建設的フィードバック

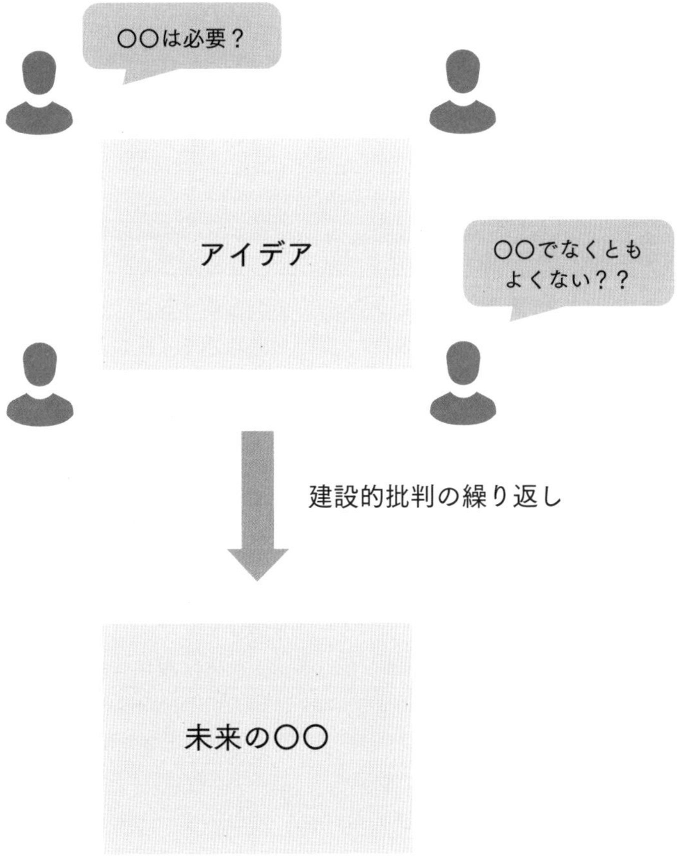

4-5 転換思考の具体例①「Wii」

では、転換思考の活用を具体的なサービスを例にとって考察してみよう。

実際にサービス開発者が転換思考を意識して開発したかどうかは別として、既存サービスを新しい切り口で考察することは良い思考トレーニングとなる。

一つ目は、図4.9に示したWiiである。

言わずと知れた任天堂のヒット商品であり、世界累計販売台数2000万台を約60週で達成した。これは歴代の家庭用ゲーム機の販売記録の中では最速である。

その当時、ライバルのPlayStationなど強豪ひしめく中で、なぜこのような快挙を成し遂げたのだろうか。

Wiiの開発当時、世の中では「ゲームの複雑化によるゲーム離れ」が指摘されていた。実際、日本のゲーム市場は1997年をピークに、Wiiの発売年である2006年まで縮小している。

すなわち、「ゲームが複雑化しすぎて、操作に慣れていない女性や高齢者が子どもと一緒に遊べなくなってしまったのではないか」という見方が当時あった。

実際、ファミコン時代のゲームは、女性や高齢者も遊べるシンプルなものだった。

それと比べると、当時の主流だったPlayStationのコントローラーを見ると、たくさんのボタンがついている（上のL、Rボタンまで含めるとかなりある）。

ゲームのコアユーザーである子どもは、より多機能でリアリティの高い動きを求めていたため、コアユーザーをターゲットにすると自然にボタンが増えて操作も複雑化していったのだ。

つまり、「コアターゲットである子どものニーズを満たすと複雑化して女性や高齢者が遊べない、一方で女性や高齢者のニーズを満たすシンプルな操作にするとコアターゲットである子どものニーズを満たせない」というトレードオフ関係が発生してしまっていた可能性が高い。

このトレードオフ関係を見事に解決したのがWiiである。

図4.9のWiiのコントローラーを見ると非常にシンプルである。すなわち、「シンプルな操作でありながら、リアリティのある動きを再現できる」というゲーム機がWiiなのである。

図 4.9　Wii

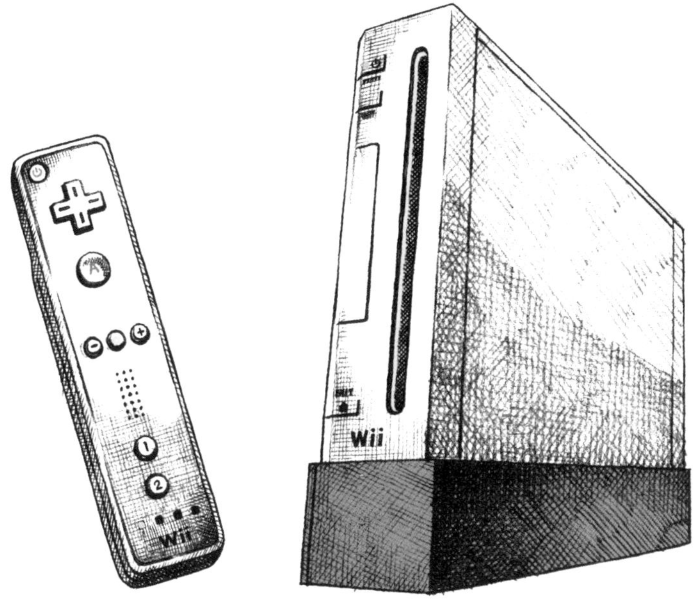

どうやって解決したか。そこで登場するのが転換思考である。

当時の「無意識の前提条件」をひたすら書き出してみたとしよう。その中に、「激しいリアリティのある動きをするのはゲームの中のキャラクターだけで、それをコントロールするユーザーはソファに座って操作する」という前提条件が出てくるはずである。

その前提を転換して、「コントロールするユーザーも、ゲームのキャラクター同様に激しく動くもの」という「新しい前提条件」を生成することができる。この前提の下で初めて、コントローラーのボタンの数を減らしてシンプルにすることが可能となる。

なぜなら、ユーザー自身が体を使って動けば、その動きをセンサーで捉えることで、複雑な動きも再現することが可能になるからである。

これなら、複雑なボタン操作に慣れていない女性や高齢者も、コントローラーのスティックを持って体を動かすことができる。まさに家庭用ゲーム機として「体感ゲーム」という市場を創ったのである。

破壊的イノベーションを起こそうとすると、難しいトレードオフ関係を解決しなければならないケースに高い確率で遭遇する。そういった場合に、転換思考は非常に強力な武器となる。

4-6 転換思考の具体例②「瞬足」

2つ目は、図4.10に示した「瞬足」という子ども向けのランニングシューズである。この瞬足がどれくらい凄いかというと、10万足売れればヒットと言われるシューズ業界で、何と年間500万足も売るという快挙を成し遂げたのである。

現在では、子どもの2人に1人が履くシューズブランドにまで成長した。なぜこれだけ売れたのか、それは「とにかく速く走れる」からである。

当時、「速く走れる靴＝軽い靴」と考えられていたため、どのメーカーも軽量化に注力していたが、どんな素材に変更しようとも限界がある。たとえ実現できたとしても「持続的イノベーション」であり、「改善」というわずかな差しか生めず、ユーザーが実感できるほどではない。やり尽くした感があった。

そこで、このアキレスというメーカーは、まったく新しい発想でシューズの開発を行った。それは、「運動会のかけっこで、トラックのコーナーを全速力で走れる靴」というコンセプトだった。人々の中には、「コーナーは転びやすいから転倒しないように速度を落とすものだ」というバイアスが存在する。それに対して、「速度を落とさなくても良いのでは？」と問いかけたのだ。まさに転換思考である。

しかし、そのままでは全速力でコーナーを走れば想定どおりに転んでしまう。なぜ転ぶのか。それは、「カーブになると遠心力が外に働いて滑りやすいから」である。ならば、「カーブで踏ん張れる、左右非対称の靴を作れば良いじゃないか」というアイデアに行き着いたのである。

瞬足が誕生するまで、おそらくすべての靴は「左右対称」であり、人々の中には「靴は左右対称でなければならない」というバイアスがあったに違いない。それに対して、「左右非対称でも良いのでは？」と問いかけたのだ。これもまさに転換思考である。

確かに、運動会で走るトラック自体が反時計回りで左右非対称なのに、靴だけ左右対称でなければならない、というのもおかしな話である。

こうして生まれたシューズが瞬足である。図4.10を見れば、ソール部分が左右非対称であることがわかるはずだ。両足の左

図 4.10　瞬足

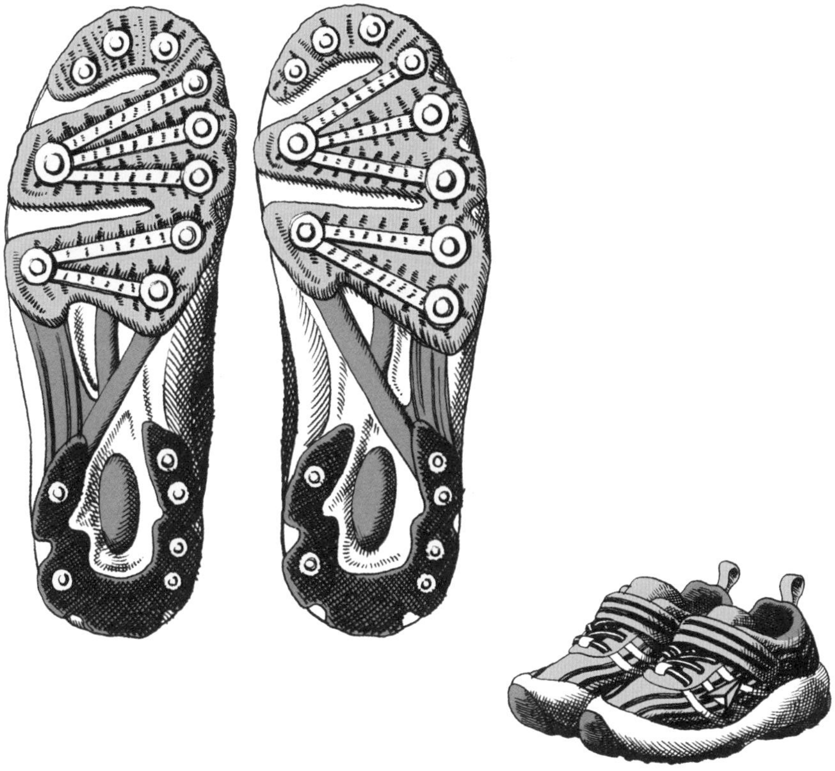

側にスパイクを配置することで、カーブで全速力で走っても滑りづらく、踏ん張りが効くようにしたのである。

この工夫で、瞬足は他のシューズよりも「運動会のトラック」を圧倒的に速く走れるシューズとなり、爆発的大ヒットを記録した。まさに「破壊的イノベーション」と言える。

このシューズの誕生まで、3つのバイアスを解いていることがわかる。一つ目は、「速く走れるシューズを作るためには靴を軽くするしかない」、2つ目が「コーナーは速度を落として走らなければならない」、3つ目が「靴は左右対称でなければならない」というものである。

これらのバイアスを転換思考によって外し、破壊的イノベーションを起こした良い事例である。

4-7 ニーズの前提条件を疑う

これまでは主にソリューションに対して「無意識の前提条件」の抽出を行ってきた。すでに潜在ニーズ発掘のための活用については触れたが、ここでは「ニーズの前提条件を疑う」という新たなアプローチについて紹介したい。

図4.11は、これまで扱ってきた移動手段の変遷例における、馬車から蒸気機関車への変遷の部分に関する「転換マトリックス」である。

そもそも「早く着きたい」というニーズは、「移動中の時間がつまらない」という「無意識の前提条件」があるからである。

したがって、「移動中の時間は楽しい」という新たな前提条件をベースにすれば、目的地に「時間をかけて着きたい」という新たなニーズが生まれる。転換思考によってニーズ自体を転換した形だ。

そうすると、①の領域には、移動時間を楽しませる馬車のアイデアがどんどん生まれてくる。例えば、「素敵な話し相手と会話を楽しめる馬車」「いろんな本が読める図書館のような馬車(重くて馬がかわいそうだが)」など、アイデアは尽きない。

さらに、②の領域には、「移動時間を楽しめる、馬車以外の移動手段」のアイデアが集まることになる。移動時間を楽しむのが目的なら、速く走る必要はむしろなく、空間を広くするためにもっと力のある乗り物を考えることになるだろう。

同じ発想で、テーマパークにおける行列の待ち時間問題も解決できる。待ち時間を解消するのではなく、待ち時間自体を楽しいものにするという発想だ。

このように、発想を転換するためには、少なくとも右の4つのマトリックスを埋めてみる、ということをお勧めする。「ニーズの前提条件を疑う」という発想は意識しないと難しいため、頭の中を整理しながら進める必要がある。

図 4.11　転換マトリックス

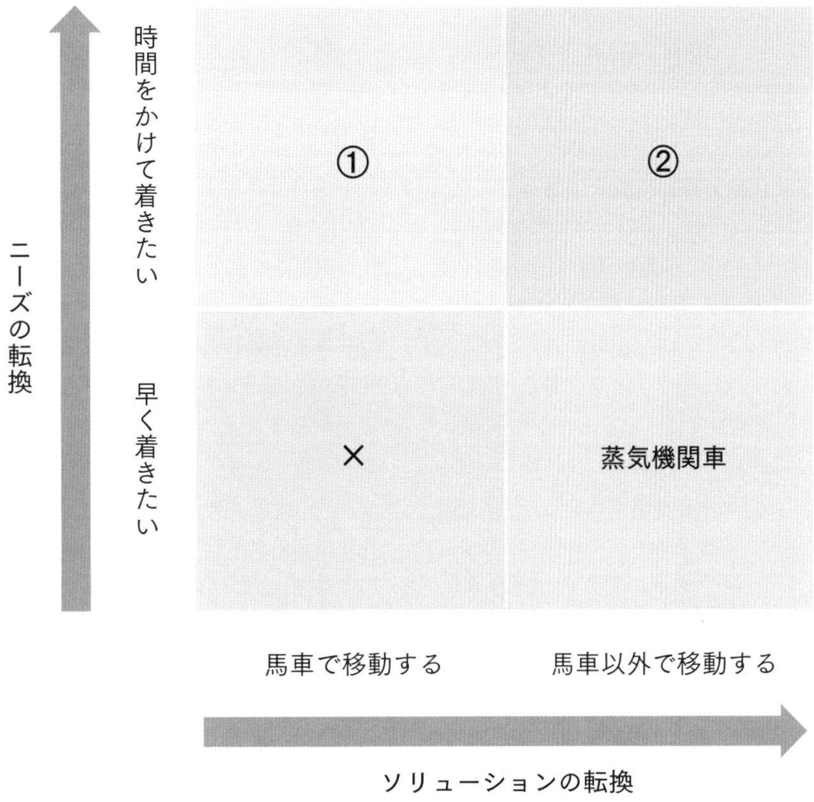

4-8 統合思考と転換思考の関係

これまで「統合思考」と「転換思考」について学んできた。これらはデザイン思考を実践するために欠かせない思考法であるが、これらの思考法は、ニーズに対してもソリューションに対しても、どちらにも適用できる。それをまとめたものが図4.12である。

前述の5W1Hフレームワークで思いつくアイデアは、「アイデアの種」であるということを認識してほしい。人々が瞬間的に思いつくアイデアの質には限界がある。しかし、最初に「種」を「量産する」というプロセスは非常に重要である。

よくアイデアは「発散と収束」から生まれるとも言われるが、この発散にあたる部分がアイデアの「量産」である。「質は量からしか生まれない」とも言われるほど、この量産過程は重要である。

ぜひ、「共感を高めるテクニック」などをうまく活用して、アイデアの種を高速で量産してほしい。フレームワークやテクニックを活用することで、そのスピードが数倍になるはずだ。

アイデアの種がたくさん用意できたら、次は「質」を高めていくプロセスである。ここで活用できるのが、「統合思考」や「転換思考」である。これらの思考を活用しながら、質を高め、アイデアを収束させていくのだ。

具体的には、大量のアイデアの種の中から、共感度の高いニーズを発掘した上で、それらを統合・転換し、そのニーズを実現するために転換思考やアナロジー思考を使ってソリューションをブラッシュアップしていく。図の①と③、①と④、②と③、②と④など自由に組み合わせていくのだ。

②でニーズを転換してから①でニーズ統合を行うなど、ニーズ創出プロセス内や、④でソリューションを転換してから③のアナロジー思考で統合するなど、ソリューション創出プロセス内の組み合わせも可能である。これらのプロセスを通じて質を高めることで、破壊的イノベーションを起こしうるアイデアまで「加工」していくのだ。

このように人工的に「アイデアを量産し、加工していく技術」を活用すれば、トレーニング次第で誰でも「破壊的イノベーション」を起こせるようになる。

図 4.12　統合思考と転換思考の関係

	統合思考	転換思考
ニーズ	①現状、共存していない ニーズを統合して 新たなニーズを作る	②既存ニーズの 無意識の前提条件を抽出し 新たな前提条件の下で 新たなニーズを作る
ソリューション	③アナロジー思考によって 機能を統合し 新たなソリューションを作る	④障壁となっている 無意識の前提条件を抽出し 新たな前提条件の下で 新たなソリューションを作る

練習問題①
無意識の前提条件を抽出する

STEP 1.

「新しい○○」を考えます。○○に入るモノやサービスを一つ設定し、既存の○○で「あたりまえ」だと思っている「無意識の前提条件」をできる限り書き出してください。

例）

○○＝スーパーマーケット →

無意識の前提条件

日中開いている

新鮮な野菜や果物を置いている

仕入れはスーパーマーケットが行う

レジがある

⋮

STEP 2.

書き出した「無意識の前提条件」を転換して「新しい前提条件」を作成してください。

例）

無意識の前提条件		新しい前提条件
スーパーマーケットは日中開いている	→	日中は開いていない
新鮮な野菜や果物を置いている	→	新鮮な野菜や果物を置いていない
仕入れはスーパーマーケットが行う	→	仕入れはスーパーマーケットが行わない
レジがある	→	レジがない

STEP 3.

「新しい前提条件」をベースに「新しい○○」を考えてください。ただし、新しい前提条件をすべて満たす必要はありません。

例）

新しい前提条件	新しいスーパーマーケット
日中は開いていない 新鮮な野菜や果物を置いていない 仕入れはスーパーマーケットが行わない レジがない	日中に他の店で売れ残った賞味期限の近い商品だけを安価で販売するスーパーマーケット。 夜間のみ営業しており、仕入れは契約店（他のスーパー）の店員が自分の店の閉店後に直接来て陳列する。レジはなく、Amazon Goと同じくバーチャルカートで決済。店舗は無人。 仕入れを行ったスーパーに対して販売額に応じてレベニューシェアを行う。本スーパーは人件費もカットし、在庫リスクを負わない。

練習問題②

ニーズの前提条件を疑う

STEP 1.

日常生活における「負」の体験をイメージし、「あたりまえ」と多くの人が考えているニーズを一つ考えてください。さらに、そのニーズの「無意識の前提条件」を書き出してください。

例）

あたりまえのニーズ		無意識の前提条件
満員電車はできるだけ避けたい	→	電車の中の密な空間に他者が たくさん近くにいると不快である

STEP 2.

書き出した「無意識の前提条件」を転換して「新しい前提条件」を作成してください。
次に、その前提条件が成立するようなユーザー体験をデザインし、その体験を実現する新サービスを考案してください。

例）

無意識の前提条件

電車の中の密な空間に他者が
たくさん近くにいると不快である

新しい前提条件

電車の中の密な空間に他者が
たくさん近くにいると楽しい

新サービス

車両の一部をクラブにして皆で一緒に踊れるようにする。
音楽はもちろん、照明などもクラブ風にして楽しみながら
目的地に移動できるようにする

column 4

皆から良いと言われるアイデアは「本当に良いアイデア」か?

皆から良いと言われるアイデアは「本当に良いアイデア」だろうか。一見、このあたりまえにも思える問いについて考察してみたい。

PayPal創業者にして、Facebook初の外部投資家としてシリコンバレーで最も有名な投資家の一人であるピーター・ティールは、「賛成する人がほとんどいない大切な真実」が本当に価値あるアイデアであると述べている（詳しくは、彼の著書『ゼロ・トゥ・ワン 君はゼロから何を生み出せるか』を読んでいただきたい）。

逆に言うと、「皆が良いと言うアイデアは、本当は価値のないアイデア」ということである。実際のところ、本当に良いアイデアは10人中8人か9人が反対するアイデアである。

図4.13に示したように、創造者やアイデアにはさまざまなレベルが存在し、評価者が正しくその価値を評価できるのは、自分の評価者としての能力の限界水準までである。

すなわち、図において評価者が「良いアイデア」と評価するのは②の領域で、①と③については、「悪いアイデア」と評価してしまう。③については、評価者が真の価値を理解できた上で「悪いアイデア」と判断しているので良いが、①については、評価者が真の価値を理解できないために「悪いアイデア」と判断してしまうのである。

同じ「悪いアイデア」と判断するにしても、「ダメな理由がわかっていてNo」と「意味が理解できないのでNo」はまったく意味が異なるにもかかわらず、同じ1票として「No」と表明することはイノベーションの阻害要因である。

評価者間で多数決をとれば、当然選ばれるのは②の「凡庸な」アイデアで、本当に選ばれるべき①のアイデアが選ばれない悲劇が起こる。

Googleでさえ、最初の投資を受けるまでに350回もピッチする必要があったと言われるが、それはこのような理由からである。

図 4.13　評価者の目利き力と評価の関係

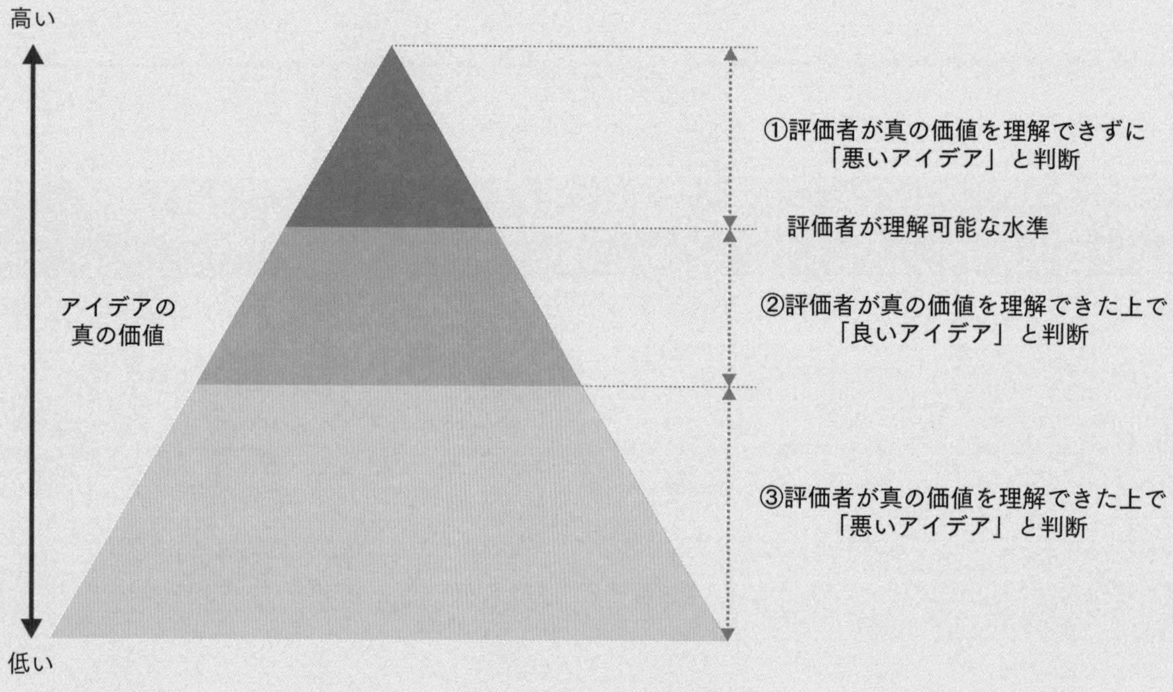

5

破壊的
イノベーションの
起こし方

5-1 既存サービスの提供価値を抽出する

世の中にあるサービスの「提供価値」について考察してみよう。例えば、自家用車は多くの人が購入するが、なぜ人々は自家用車を買うのだろう。

「鉄の塊が欲しくて自家用車を買いました」という人はいないはずだ。人々は、対象物そのものではなく、そのモノやサービスの提供価値にお金を支払っているのである（図5.1）。

自家用車の場合、他の移動手段に比べて「プライバシー空間がある」という価値に重きを置く人もいれば、「大きな荷物を運べる」という価値に重きを置く人もいる。スポーツカーなどを購入する人にとっては、「知り合いに自慢できる」という価値が重要かもしれない。

すなわち、人は提供価値に対して「共感」して、「購入」や「利用」という行動に移す。したがって、この「ユーザーの共感する対象としての提供価値」を見誤ると、そのサービスはヒットしない。しかも、製品の提供価値が変わらなくても、ユーザーの共感する「提供価値」は、人々の価値観の変化によって日々変化する。

例えば、車作りを何十年としてきた高齢のプロダクトデザイナーが、「車の価値は運転する喜びだ！」と思って車をデザインしても、若者は「快適に移動できれば良い。できるだけ楽をしたいので運転したくない」と考えている可能性もある。この場合、20代にはまったく売れない車となってしまう。

逆に、「的確に人々が共感する提供価値とその変化をトレース」できれば、ヒットを出し続けることすら可能ということである。

製品のライフサイクルがかつては30年ほどあったのが、近年は5年以下だと言われることがある。ライフサイクルが短くなるのは、製品の提供価値と人々の価値観がズレるためである。

ライフサイクルが短くなった理由は、情報社会の進展で、日々人々に届く情報が増え、人々の価値観の変化するスピードが速くなったためだろう。

その観点で見ると、イーロン・マスクが率いるテスラは興味深い。テスラといえば、「自動運転」や「フェラーリよりも速く、ポルシェより安い」という性能面ばかりが注目されがちだが、

図 5.1　人々が共感する提供価値

そのコンセプトこそが革新的だと私は考えている。

それは、「車のボディというハードの上にOSを載せて、OSのアップデートで車の性能がアップデートしていく。ユーザーは性能をアップするために毎回車を買い替える必要はなく、スマホのOSのようにアップデートすれば良い」というものだ。

このコンセプト自体も新しく、車の購入体験そのものがアップデートされるものだが、その先の進化も期待できると考えている。テスラにはタッチパネルが用意されているが、ユーザーがこのタッチパネルで操作するたびに、ユーザーの行動データが蓄積されていくこととなる。

このデータを解析すれば、各ユーザーに完全にパーソナライズされた車にアップデートすることも可能なはずである。これは一種の「共感する提供価値のトレース」である。

完全なトレースが実現すれば、車の機能や形はユーザーの価値観の変化に合わせて変幻自在に変化し、製品のライフサイクルは再び長くなるだろう。

重要なのは、世の中のサービスを見渡した時に、モノやサービスそのもの（What）や機能面（How）ばかりに目を奪われるのではなく、なぜ人はそのサービスを利用するのか（Why）、その提供価値に着目して考えることである。

「WhatやHowではなく、徹底的にWhyから考える」は、まさにデザイン思考そのものである。

5-2 提供価値を統合する

「ニーズを満たすこと＝価値を提供すること」でもあるので、ニーズと提供価値は表裏一体である。

ここでは、ニーズを直接統合するのではなく、既存のモノやサービスの提供価値を抽出し、それらの提供価値を統合するアプローチを考える。

先ほどの自家用車の例のように、「すでにある」かつ「日常的に使っている」モノやサービスであれば、その提供価値は簡単に抽出しやすい。しかも、提供価値が高いからこそ日常的に使われているのであり、その提供価値に対応するニーズが必ず存在する。ニーズの存在が保証されていること、これが当該アプローチが強力な理由である。

さらに、本来のアプローチのように「ユーザーシーンの解像度を高めてニーズを抽出」するのではなく、「すでにあるモノやサービスの提供価値の抽出」から考えるので、これまでデザイン思考に触れたことのない多くの人にとっても、身近で取っ付きやすいかもしれない。

では、実際に提供価値の統合をやってみよう。例として、自宅の提供価値を抽出してホテルに統合し、「新しいホテル」を考えてみる。ここでのポイントは2点ある。

1点目は、統合するモノ・サービスの「一方だけ提供価値に抽象化して統合する」こと。2点目は、提供価値を統合する際には、「抽象化した側のモノ・サービスにしか存在しない（もしくは特に特徴的である）提供価値を統合する」という点である。今回は、「自宅」を抽象化すると決めて、その提供価値を書き出してみよう（図5.2）。

自宅には「リラックスできる」「（持ち家ならば）所有欲求を満たしてくれる」など多くの提供価値があるが、自宅にしかない提供価値として「所有欲求を満たしてくれる」を選択する。そして、その価値をホテルに掛け合わせることで、「所有欲求を満たしてくれるホテル」というコンセプトができ上がる。すなわち、タイムシェア型のホテルである。

実際、こうしたコンセプトの下、ヒルトングループがヒルトン・グランド・バケーションズという「ホテルでありながら区分所有できる」というサービスを提供している。今となっては

図 5.2　提供価値の統合

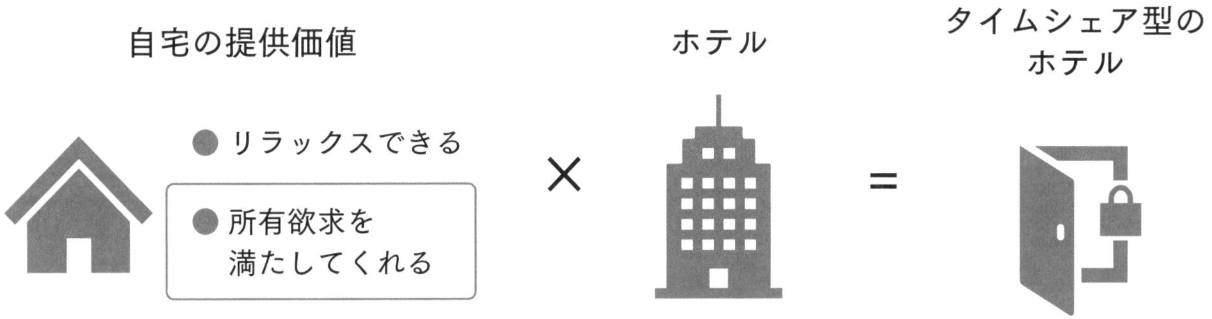

新しくないが、サービス開始当時は提供価値の「新結合」だっただろう。

上記のプロセスは、「抽象化した側のモノ・サービスにしか存在しない提供価値を統合する」という意味で「新結合」そのものであり、イノベーションという定義どおりのことを、実際に存在するモノ・サービスを活用して行ったにすぎない。

このように、すでに存在し、日常的に利用されているサービス自体はまったく新しくなくとも提供価値が確実に存在するため、その価値を抽出して、ひたすら他のサービスに組み合わせて「新結合」を探す、というのは「誰にでもできる手軽なイノベーション手法」である。ぜひ、日常的に頭のトレーニングとして行ってほしい。ちなみに、この提供価値の統合は、前述の「ソリューションはシンプルに」の観点でも役立つ。

例えば、レストランとコンビニを統合しようとした場合、提供価値を抽象化せずに統合しようとすると、同じ敷地内に「レストランエリア」「コンビニエリア」を作ることになるだろう。

しかし、レストランの提供価値、例えば「雰囲気が良い」「会話を楽しめる」などを抽象化により抽出し、コンビニに統合すれば、「内装がおしゃれで流れる音楽も凝っている、雰囲気を楽しめる」や「店員や一緒に来店した友人と会話を楽しめるレイアウトの」など、よりシンプルにエッセンスだけを取り込んだコンセプトのコンビニを作れることになる。

5-3 競合サービスの「必要性」をなくす

「破壊的イノベーション」はどのような時に起こるのだろうか。それは、革新的な新サービスが登場することによって、既存サービスを使う「必要性」がなくなった時である。

では、「必要性」はどのような時になくなるのか。それは、新サービスが既存サービスの重要な提供価値をすべて兼ね備え、かつ既存サービスが持っていない重要な提供価値をプラスアルファで持つ時である。

具体的な例で見てみよう。図5.3は、スマートフォンがガラケーと言われた従来型の携帯電話を「破壊」できたロジックを説明している。

スマートフォンという新型の携帯電話が登場した時の競合は、もちろん既存の携帯電話のガラケーである。

スマートフォンは、ガラケーの持つ重要な提供価値、「電話ができる」「持ち運べる」などをすべて兼ね備え、かつガラケーの持っていない重要な提供価値、「さまざまなアプリケーションを楽しめる」「大きな画面で見やすい」といった本来はノートパソコンが持つ提供価値をプラスアルファで提供した。

これまで見てきたように、ソリューションがシンプルである限り、人間は同時により多くのニーズや提供価値を統合したサービスの方を選ぶ。

この場合も、スマートフォンは、よりシンプルなUI/UXで、より多くの提供価値を提供したため、人々はガラケーを選ぶ「必要性」がなくなってしまった。結果として、スマートフォンはガラケーを「破壊」することに成功したのである。

しかし、ノートパソコン市場は伸び悩んでいるものの、まだスマートフォンに「破壊」されてはいない。その理由は、ノートパソコンだけが持ち、スマートフォンにはない重要な提供価値がまだ残っているからだ。

「さまざまなアプリケーションを楽しめる」という提供価値においては、スマートフォンはノートパソコンと遜色のないレベルまで来た。スマートフォン専用アプリも存在するので、見方によってはノートパソコンを超えているかもしれない。

しかし、「大きな画面で見やすい」という提供価値においては、どうしても大画面のノートパソコンに軍配が上がる。

図 5.3　提供価値の統合

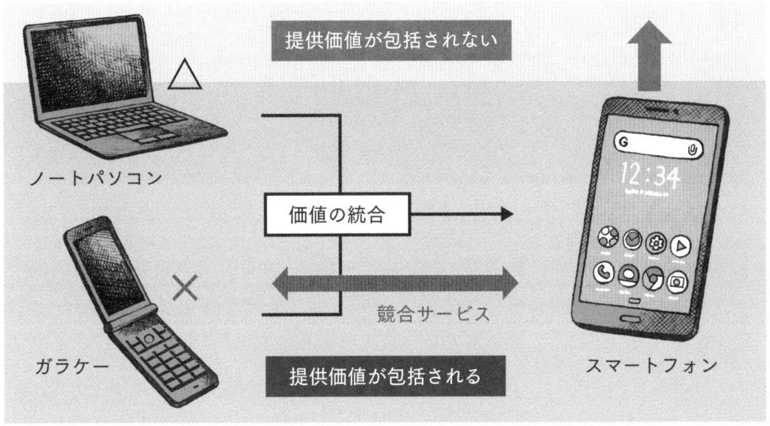

スマートフォンは、「大きな画面にするとサイズが大きくなり、持ち運びづらい」「持ち運びやすくするとサイズを小さくせざるを得ず、大きな画面にできない」という、本来は提供したい2つの重要な提供価値同士のトレードオフ問題に突き当たってしまったのだ。

この問題を解決するために各メーカーとも知恵を絞って、折りたたみ式のスマートフォンなど新しいコンセプトを発表しているが、まだ市民権は得られていない。さらに、ノートパソコンを持たずスマートフォンのみで育った若い世代を除いて、ブラインドタッチをマスターした世代にとっては、「操作しやすい」という提供価値においても、まだノートパソコンに一日の長がありそうだ。

このトレードオフや「操作性」という提供価値の問題をクリアできれば、スマートフォンはノートパソコンすら「破壊」してしまうだろう。

このように、破壊的イノベーションの起こし方は、提供価値にフォーカスすれば簡単に説明がつく。同時に、このロジックを理解さえしていれば、競合となるサービスをどのようにして「破壊」すれば良いか、サービス進化の方向性が明確になる。

これまで偶然起こってきたように見える破壊的イノベーションも、このような科学的アプローチで考えれば意図的に起こすことが可能となる。

5-4 「同じ目的」に利用されるサービスに着目する①新しいタクシー

破壊的イノベーションを起こすためには、既存の競合サービスの価値を包括し、かつ他のサービスの提供価値もプラスアルファすれば良いと述べたが、このプラスアルファすべき他のサービスは何を選択すれば良いのだろうか。

前述の例のように、携帯電話に対してあまり関係のない（スキマ時間を奪い合っているという意味では関係があるが）ノートパソコンの価値をプラスアルファしたが、ここでは統合相手の選び方について、一つの方向性を示したい。

統合相手としてまず着目してほしいのは、既存サービスと「同じ目的」に利用される他のサービスである。図5.4は、破壊的イノベーションを起こすような「新しいタクシー」を考えようとした時の統合の仕方について示した。

ここで既存サービスの従来型のタクシーの目的とは、「移動」である。移動目的に利用される他のサービスは、電車やバス、自家用車、長距離ならば飛行機などだろう。

ここでは最も一般的であると思われる「電車」を統合相手として選択する。

前述のロジックに従うと、「新しいタクシー」は既存のタクシーの重要な提供価値をすべて兼ね備え、かつ「電車」の重要な提供価値をプラスアルファすれば良い。

電車の重要な提供価値（タクシーに対して優位性があり、かつユーザーにとって価値が高い）は、「コストを節約できる」「渋滞しない」などだろう。

これらの提供価値を「新しいタクシー」が具備すれば、もはや既存のタクシーだけでなく、電車すらも「破壊」できる可能性が高い。なぜなら、既存のタクシーも電車も使う「必要性」がなくなってしまうからである。

コスト面については、近年注目されている自動運転技術が実現化すれば解決できそうである。なぜなら既存のタクシーの主なコストは運転手の人件費だからである。

また、渋滞の問題に関しても、自動運転技術の発展と共に、すべてのドライビングデータがデジタル化され、他のシステムとのデータ連携が可能となれば、信号の変わるタイミングすらも道路状況に合わせて最適化されるだろう。しばらくは自動運転車専用のレーンを作っても良いかもしれない。
そのような環境下では、現在よりもはるかに渋滞は減る可能性が高い。
したがって、新しいタクシーとして「自動運転でコストが安く、専用レーンを走って渋滞がないタクシー」というコンセプトができ上がる。
このようなタクシーが実現すれば、100年後の人々が現代を振り返った時、「昔の人は目的地に移動する時、まったく違う方向の駅という場所まで歩いて、そこから目的地の近くの駅に電車という乗り物で移動して、そこから目的地まで歩いていたらしいよ。効率悪いよね」と言われるだろう。
破壊的イノベーションとは、それほどまでに人々の「行動」と「常識」を変容させるものなのである。
ここで、統合相手（破壊する相手）として「同じ目的」に利用される他のサービスを選択する理由は、既存サービス間で市場を互いに奪い合っているからである。
例えば、会社の同僚に「今日、会社まで何（の乗り物）で来たの？」と聞いたら、「電車」や「タクシー」などに回答がわかれるだろう。
すなわち、人は会社まで「移動」しようと思った時、その状況に合わせて（お金があまりない、時間があまりない、など）、最適な移動手段を選択しているのである。
「移動目的」が主なユーザーの目的であり、もともと電車もタクシーも両方とも主たる「移動できる」という提供価値を持っているため、プラスアルファの提供価値さえうまくデザインして「新しいタクシー」を創ることができれば、電車のユーザーは「新しいタクシー」に引き込みやすい。
これがまったく異なる目的、例えば「購買目的」のユーザーを「新タクシー」に引き込もうとしても、もともとタクシーは「購買できる」という提供価値を持っていないため難しい。
なぜなら、購買はECサイトを通じて家でも可能であり、タクシーでわざわざする「必要性」が低いからである（プラスアルファとしての価値はあるかもしれないが、主たる目的になるには難しい）。

図 5.4　提供価値の統合例①

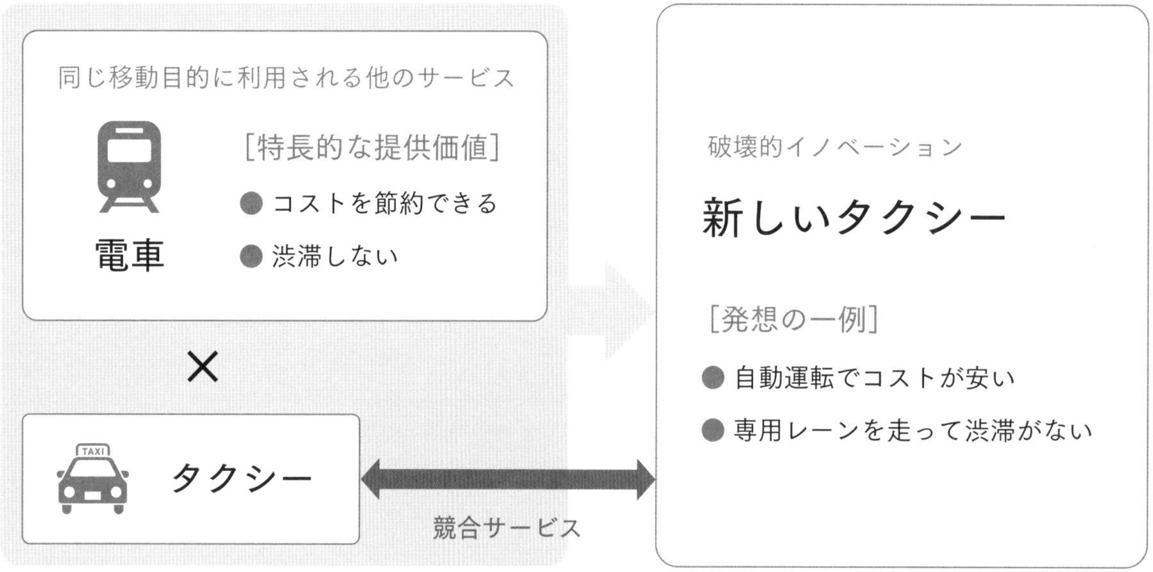

5-5 「同じ目的」に利用されるサービスに着目する②新しいECサイト

もう一つ、例を挙げて考察しよう。次は、「新しいECサイト」を考えてみる（図5.5）。

先ほどと同様のステップで考えると、新しいECサイトの最初の競合サービスは、既存のECサイトである。新しいECサイトは既存のECサイトの重要な提供価値、「どこからでも買える」「多くの種類から選べる（ECの方がリアル店舗よりスペースの制約がないぶん、たくさん展示可能）」などは、当然にすべて兼ね備えている必要がある。

ECサイトの目的は「購買」であるから、同じ「購買」に利用される他のサービスは、リアル店舗である。

ここでは「百貨店」としよう。既存ECサイトにない、百貨店の重要な価値は「(店員に）相談できる」や「試着できる」といった価値である。近年は、これらの価値に注目し、実物を確かめるだけのために店舗に足を運び、最終的にはオンラインで一番安いショップを見つけて買い物をする人も増えている。

店舗側もそのような消費者の行動変容に合わせて、店舗はショールームとしてだけの役割として出店する、いわば「売らない店舗」も増加している。

新しいECサイトは、これらの「(店員に）相談できる」や「試着できる」といった価値を統合すれば良い。これらを実現するには、例えば「チャットで24時間相談できる」という機能や、「試着イメージを画像で表示」という機能を新しいECサイトに搭載すれば良い。

前者の機能については、もし24時間チャットで対応できれば、もはや夜8時に閉まってしまう百貨店よりも便利かもしれない。人件費が高くつくようならば、AIのチャットボットで夜中は対応させるのもありだ。すでに、「KARTE」のような接客チャットサービスが登場している。

後者の機能についても、ディープラーニングを活用した画像認識技術を使えば、技術的には実現可能なものだ。例えば、自分の体を画像で撮影して新しいECサイトにデータをアップロードしておけば、選択した服の試着イメージが見えるようになる、という具合だ。

自分の体の画像データを活用すれば、試着イメージだけでな

図5.5　提供価値の統合例②

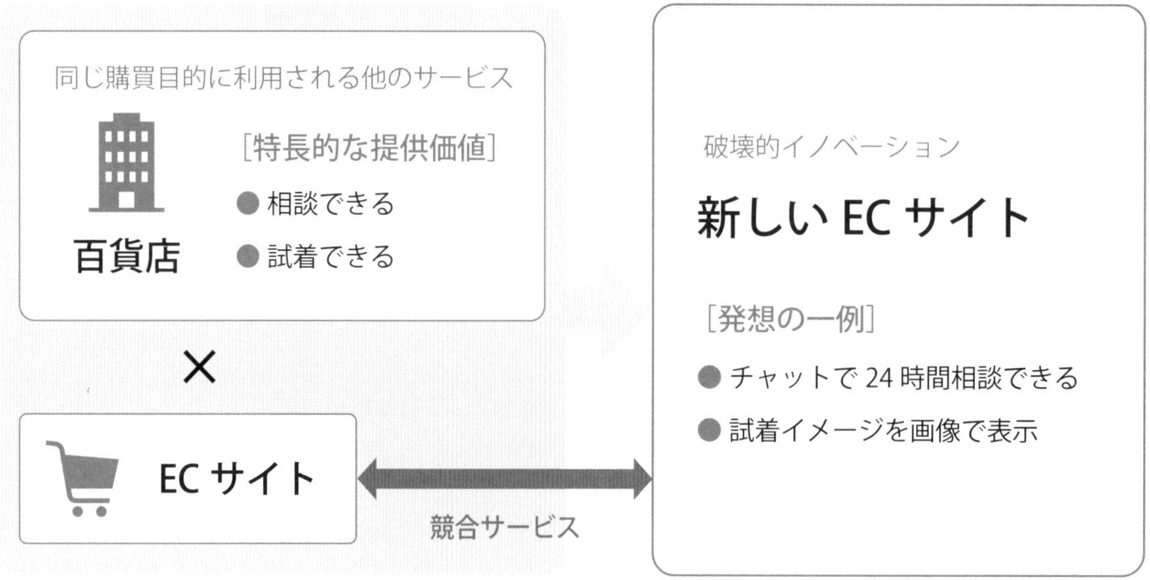

く、「ぴったりのサイズの服が届く」という新たな価値も提供できるようになる。この提供価値に挑戦しているのが、「ZOZOSUIT（ゾゾスーツ）」である。まだまだ測定の手間や精度という点で発展途上の部分も多いとは思うが、「価値の統合」という観点から見ても、取り組み自体は注目に値するものである。

　このように破壊的イノベーションに向けた動きは、各業界においてすでに足元で進みつつある。「どのように競合を破壊できるのか」の側面だけではなく、既存の大手企業は「どのように既存ビジネスが破壊される可能性があるのか」をありとあらゆるビジネスについて考察し、対策をとっていく必要がある。

　そのためにも、このような「提供価値の統合」という観点からの思考アプローチは有効だろう。

練習問題

提供価値を統合する

以下から好きなモノ・サービスを1組（2つ）選択してください。一つを提供価値に変換して、もう一つに統合し、新しいサービスコンセプトを作成してください。提供価値は、「機能的価値」「情緒的価値」のどちらでも結構です。次頁の例を参考に解答してください。一つできたら、できるだけ多くの組み合わせで挑戦してみてください。

椅子	ドア	テーブル	駅
船	バイク	照明	カフェ
テレビ	エレベーター	ベッド	鞄
スマホ	自宅	道路	傘
チャットアプリ	ホテル	旅行	時計
森林	海	神社	絵画

例）

機能的価値に着目した例

スマホ

↓ 機能的価値

コミュニケーションができる × エレベーター

↓

行き先ボタンを押さなくても音声で伝えられる
スマートエレベーター（新型コロナ対策にも良い）

情緒的価値に着目した例

旅行

↓ 情緒的価値

四季の変化を感じられる × 傘

↓

季節によって模様が自動で変化する
デジタル傘

5

column

ナンバーワンを目指すべきか?

一般的な既存業界では、業界No.1を目指すのは自然なことであり、何の違和感もない。

ところが、新規事業により本当に革新的なイノベーションを起こしたいと考える場合、実はこれは正しくない。「ナンバーワンよりオンリーワン」が最も重要な考え方であり、極論を言うと「戦った時点で負け」とすら言える。

同じ土俵で戦っていると、サービスの「差別化」を意識するミクロな戦いに陥り、マージンは減少し、サービスがコモディティ化していく。

目指すべきは、何のカテゴリかも分類できない、そのサービス自体が新たなカテゴリになるようなオンリーワンのポジショニングを取ることである。

身近な例で言うと、独占的な立ち位置を誇っていた頃のiPhoneがこれに近い。

当時、人々はiPhoneというモノ自体を欲しがり、他の携帯電話との機能や価格の比較でそれを買っていた人は少ないはずだ。そうでもなければ、あの高価格帯でも飛ぶように売れることや、iPhone事業におけるAppleの圧倒的な利益率を説明できない。

オンリーワンになることの重要性は、ピーター・ティールも自身の著『ゼロ・トゥ・ワン』において再三にわたり読者に訴えかけている。

オンリーワンの強みは、マーケットで独占的な立ち位置を築くことで、価格決定力をサービス提供者側が持つことができ、大きなマージンを確保できる点にある。

一方、No.1を目指せば目指すほど、他サービスとの比較を顧客に意識させ、価格決定力が顧客側に移転してしまう。その結果、苦しい競争に勝ったとしても、手元に残るマージンはほとんどなくなってしまう。

したがって、自分たちが革新的なサービスをローンチした後、他社がコピーキャットを作って追随してきた場合、まったく違うカテゴリのサービスと言える方向にプロダクトを進化させ、常にオンリーワンであり続けることにこだわることが重要である。

6

オンライン
サービスの
設計

6-1 ユーザー固有のニーズを捉える

デジタル化が進む中で、オンラインのサービス設計は非常に重要となってきている。ここでは、データを活用したオンラインサービスの設計について考えよう。

ニーズを捉えるときに、「本源的欲求」に根差したニーズに着目することの重要性は述べてきた。なぜなら、本源的欲求に着目すれば、人類すべてがターゲットユーザーになり得て、かつ普遍的だからである。

一方で、個人の嗜好性に根差した固有ニーズも存在する。これは「本源的欲求」とは異なり、Aさんが持っていたからといって、Bさんも持つとは限らないニーズである。そのため、ペルソナごとの固有のニーズを推定する必要がある。

図6.1は、固有ニーズと本源的ニーズの関係を示している。個人の持つニーズの総量は、万人が持つ本源的ニーズと個人ごとに異なる固有ニーズの合計である。

固有ニーズは人によって異なるため、当然それらを推定するためのデータが必要になる。そのデータはどう集められるかといえば、ユーザーの行動履歴を記録し、データとして収集するのである。例えば、「この人はいつも赤色の服を買ったり、画像をクリックする確率が高い」という具合である。

ここで重要なのは、サービスの企画段階で、「このようなデータを収集すれば、このような分析ができ、その結果を用いてユーザーにこんな素敵な体験（レコメンドなど）を提供できる。だから、こういったデータを収集しよう。これらのデータを収集するためには、サービス内にこのようなボタンを置いて、選ばせるようにしよう（ボタンを押させるためには、押したくなるように本源的欲求をベースにデザインする必要がある）」と目的から逆算し機能面に落とし込む、逆算思考である。

このプロセス自体がある意味でデザイン思考そのものだが、ここにはデータサイエンスとしての知見も必要になってくる。近年、AIを用いたパーソナライズのニーズも高く、最先端のサービス作りにおいては「デザイン思考×データサイエンス」の能力は不可欠になってきている。

そのような思想の下でサービス設計を行い、うまく行動データを取得できるようになれば、固有ニーズにも応えられるよう

図 6.1　固有ニーズと本源的ニーズ

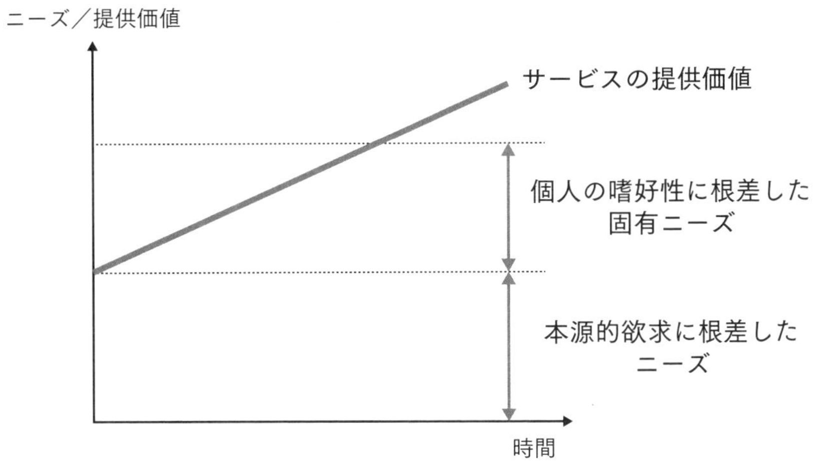

にサービスを進化させて提供価値を高めていくことが可能となり、リテンション（ユーザーが継続的にサービスを利用してくれる状態）を高めることにつながる。

新規のユーザー開拓には多大なマーケティングコストがかかるため、ユーザーニーズを超える提供価値を提供して、リテンションを高めることが事業の収益性を大きく高めていくためには不可欠である。

このように固有ニーズの把握は重要である。一方で、昨今はAIを活用したパーソナライズに偏重しすぎているきらいもある。

本来、GAFAのサービスも「本源的欲求」がベースにあって、あくまでパーソナライズはその上のトッピングにすぎないことを思い出してほしい。トッピングをメインディッシュにしてはならない。

デザイン思考の根本である「本源的欲求」をシャープに刺激するサービス作りが最も重要である。

ちなみにAIには、いわゆる「コールドスタート問題」が存在する。ユーザーが使い始めた段階ではデータが溜まっていないため、何をレコメンドして良いかわからなくなって、ユーザーニーズに応えられないという問題である。

このような場合でも、「本源的欲求」をベースにユーザーニーズに応えることで、たとえデータが溜まるまでの間であっても、十分な価値をユーザーに提供可能である。

6-2 フィードバックサイクル全体をデザインする（B2C）

データを活用したサービスデザインを行う場合、ニーズとソリューションの関係だけでなく、フィードバックサイクル全体の流れをきちんとデザインする必要がある。

図6.2は、B2Cサービス設計において押さえるべきポイントを示している。すなわち、以下の①～⑤のプロセスのすべてをデザインしなければならない。

①どんな本源的欲求を刺激して、どのようなニーズを喚起するか
②どんなニーズに対して、どんなアクションを取らせるか
③どんなアクションをさせて、どんなデータを蓄積するのか
④蓄積したデータをどう解析し、どんな示唆を手に入れるのか
⑤手に入れた示唆を基に、どのようにソリューションを改善するのか

このどれか一つのプロセスのデザインに失敗すると、想定しているユーザーストーリーは成り立たない。逆に、①から⑤のデザインがうまくいけば、⑤のソリューションが再び①のニーズを喚起し、サイクルが回り続けることになる。

ここで、⑤によって喚起される①のニーズは、当初のニーズと異なっても良いし、同じニーズをより強く喚起する形でも良い。

異なるニーズが生まれて、それが満たされた場合、実質的には「同じシーンで共起する2つ以上のニーズを統合し、その統合ニーズを満たした」と同値である。

すなわち、データを活用することによって、「ニーズの統合」が可能となるのである。前述のように、統合ニーズを実現すれば、よりユーザー体験の質を向上させることにつながる。

このように、データの活用という概念が入った時点で、サービス全体のデザインは複雑になり難しくなる一方、うまくデザインできれば結果的に統合思考も実現可能ということである。

そういった意味でも、データサイエンスの知見とデザイン思考のスキルは非常に相性が良い。

図 6.2　B2C サービスの場合

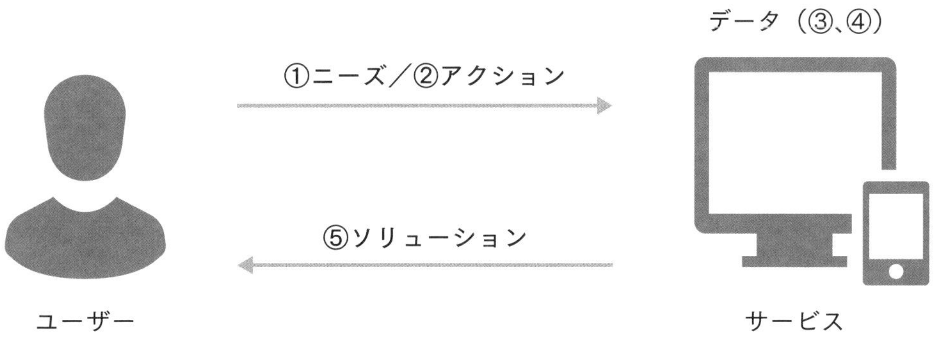

6-3 フィードバックサイクル全体をデザインする（C2C）

次はC2Cのプラットフォームサービスのデザインについて考察してみよう。

近年はインターネットの登場によって個人と個人が直接つながれる環境が整ってきたこともあり、国内においてもメルカリのような大型のC2Cプラットフォームが台頭してきているが、ここでは、グローバルなSNSであるTwitterを例にサービスデザインのポイントを説明する。

C2Cのサービスにおいては、個人と個人の二者だけではなく、プラットフォームを提供する企業の三者の関係を考えなければならない。図6.3はTwitterにおける関係図を示している。ここで、次のようなフィードバックサイクルがうまく回っている。

①Aは自分の考えを表現したいという「説明欲求」からツイートを行う

②Bは他者の考えていることを知りたいという「認知欲求」から、タイムラインに流れてきたAのツイートを閲覧する

③Bは面白い情報を他者と共有したいという「親和欲求」からリツイートを行う

④Aは自分の言ったことに対する反応を見たいという「承認欲求」が、Bのリツイートにより満たされる

⑤Aはもっと承認欲求を満たしたいので、さらにツイートを行う

当初は、Aは「説明欲求」からツイートを行ったとしても、一度このフィードバックサイクルを通じて「承認欲求」が満たされれば、「もっと多くの良いフィードバックが欲しい」という潜在ニーズが呼び起こされ、Aのツイートをするインセンティブがより強化される。

さらに、Aがより多くツイートすれば、Bはより多くの情報を見られるようになり、さらに「認知欲求」「親和欲求」が強化されていく。このグッドサイクルが一度回れば、半永久的にサイクルが回り続けることとなる。

あくまで回す原動力は「本源的欲求」であり、その原動力を回す仕組みをデザインするのがプラットフォーマーである企業の役割と言える。

一見、たった140文字で自分の言いたいことを発信するだけ

図 6.3　C2C サービスの場合

の単純なサービスに見えるが、これらの欲求を刺激し合う絶妙なフィードバックサイクルをデザインできたからこそ、世界的なサービスにまで成長できたのである。

このサイクルはサービス企画段階で適切にデザインされている必要がある。もし、このサイクルのどこかが想定と異なればサービス全体が活性化しない。

したがって、このような複雑なサイクルをデザインする際には、一つひとつのステップに対して、「ユーザーは想定する欲求がきちんと刺激され、想定したアクションを本当に取るのか」を検証しなければならない。

そのためには、できるだけ早くMVP（Minimum Viable Product）を作成し、ユーザーに使ってもらって高速でフィードバックを取得し、そこで得られた示唆をサービスデザインに組み込んでいくことが重要となる。

6-4 フィードバックサイクル全体をデザインする（B2B2C、B2B）

最後に、B2B2C、B2Bのサービスデザインについて考察する。B2Bの場合でも、多くの場合は顧客企業の後ろにいる個人等のユーザーを支援するものであることから、本質的にはB2B2Cと同じ考え方で対応可能である。

例えば、会計ソフトのfreeeやマネーフォワードクラウドはB2Bのサービスだが、顧客企業のバックオフィスで働く個人の業務を効率化するものであり、最終的には個人へのサービスとも捉えられる。すなわち、顧客企業にとって従業員も一人の顧客だと捉えれば、B2B2Cと同じと見なすことができる。

図6.4は、B2B及びB2B2Cのサービスサイクルを示している。

これまでの多くのB2Bビジネスにおいては、業者は（個人等にサービスを提供する）顧客企業のニーズをヒアリングして、ニーズに対する適切なソリューションを提供すれば良く、最終顧客である個人等のユーザーニーズを捉える役割と責任は顧客企業であるサービス提供会社側にあった。

すなわち、①のXのニーズをサービス提供会社Yが捉えて、Yがそれに対応したサービスを考え、自社で賄えない部分を業者Zに発注していた。

ZはYの②のニーズを的確に捉えて適切な③のソリューションを提供すれば良く、そのソリューションを活用してYがサービスを構築して④のソリューションをXに提供する。

ZはYのニーズに応えられれば良く、Xのニーズ把握までは行う必要がなかった（今後は、ZもXのニーズを捉えてYに提案することが必要になってくる）。

例えば、サービス提供会社であるアパレルメーカーが、業者である素材メーカーに必要な素材を発注するイメージである。

ところが、B2B2Cのサービスにおいては、業者Zは顧客企業Yが個人ユーザーXに提供するサービスそのものを開発し、Yに提供することが多い。もはやサービス開発の主体はYではなく、Zである場合がほとんどである。

その場合、Zは②のYのニーズを聞いてサービスをデザインするだけでは不十分で、最終顧客であるXの①のニーズを捉えてサービスをデザインしなければならない。すなわち、ZはXの本源的欲求から①のニーズを考え、そのニーズを満たすため

図6.4　B2B、B2B2Cサービスの場合

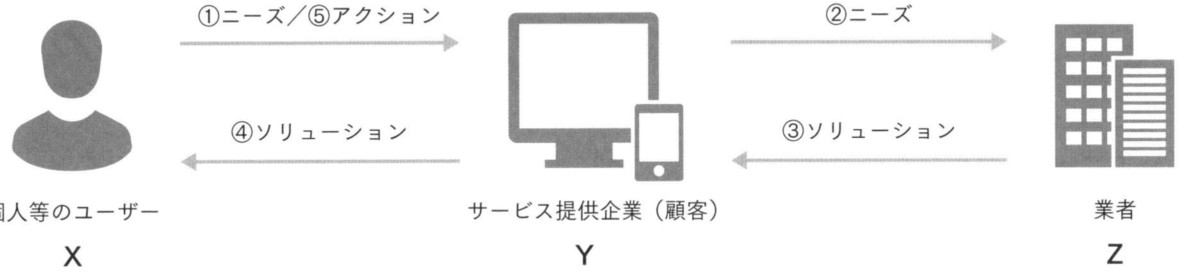

にYに発生する②のニーズを考える。そしてZは、このニーズに応えるために、最終的にYがXに提供する④のソリューションそのものをデザインしながら、Yに③のソリューションを提供する。

この場合において、フィードバックサイクル全体をデザインしているのはZであり、Zにはこのサイクルがグッドサイクルとして回ることに責任を負う。図のXの⑤のアクションが想定どおりに起こらなければ、YはZのサービスを解約するだろう。

近年は、B2B2Cサービスは、オンラインサービスの分野においてはSaaS（Software as a Service）として顧客企業に提供されることが多く、非常に注目を浴びている。

ここでの重要な点は、SaaSをクラウドベースで顧客に提供すると、Zは最終顧客のニーズやアクションデータをすべて把握することが可能となることである。

これまでのアナログなサービスにおいては、最終顧客である個人の詳細ニーズに関する情報は、最終的に個人に販売する顧客企業やその代理店しか手に入れることができなかったが、その点において対照的である。

これにより、Zはリアルタイムに Xのニーズを捉え、提供するソリューションを改善していくことが可能となる。

近年、リーン開発が注目されているが、それが可能となるためには、このようなリアルタイムフィードバックを取得できることが不可欠である。

練習問題①

フィードバックサイクル全体をデザインする（B2C）

次頁の例を参考に、ユーザーのニーズAとB、企業のニーズCとDを同時に満たすサービス（またはその機能）を一つ考えて、そのサービス種別と共に回答してください。また、サービス全体のグッドサイクルを実現するために必要なアクションやデータも記述してください。

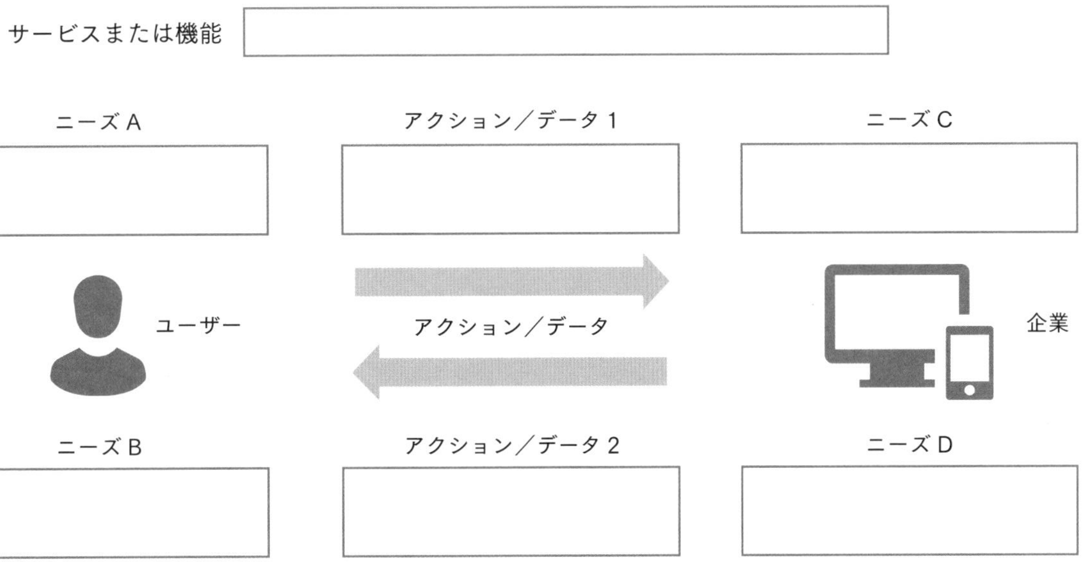

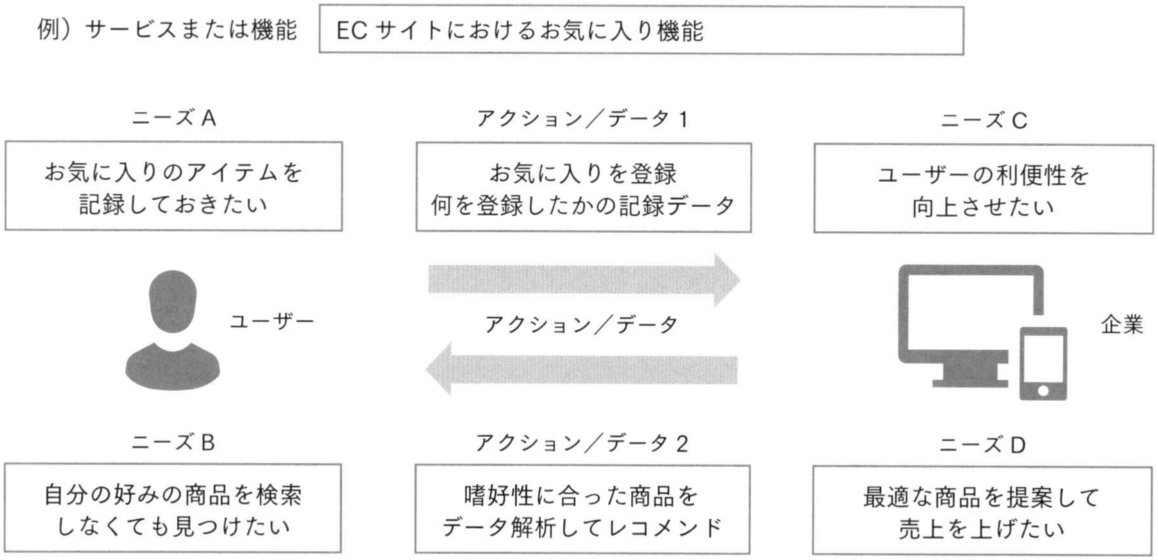
例）サービスまたは機能
ECサイトにおけるお気に入り機能
ニーズA
お気に入りのアイテムを
記録しておきたい
アクション／データ1
お気に入りを登録
何を登録したかの記録データ
ニーズC
ユーザーの利便性を
向上させたい
ユーザー
アクション／データ
企業
ニーズB
自分の好みの商品を検索
しなくても見つけたい
アクション／データ2
嗜好性に合った商品を
データ解析してレコメンド
ニーズD
最適な商品を提案して
売上を上げたい

練習問題②

フィードバックサイクル全体をデザインする（C2C）

次頁の例を参考に、ユーザーのニーズA～Dを同時に満たすサービス（またはその機能）を一つ考えて、そのサービス種別と共に回答してください。また、サービス全体のグッドサイクルを実現するために必要なアクションやデータも記述してください。

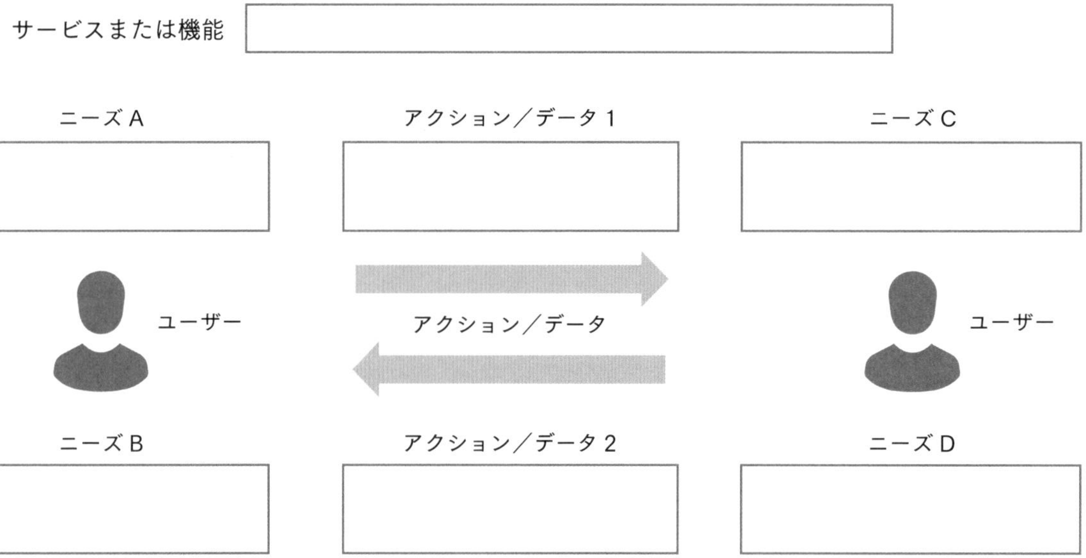

例）サービスまたは機能　服のレンタルプラットフォーム（シェアリング）

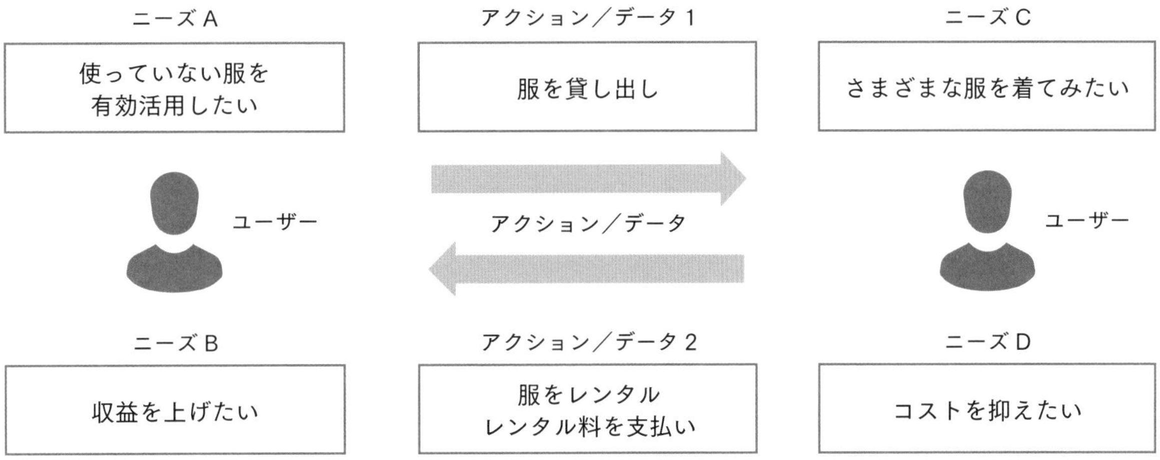

column 6

顧客の声は常に聞くべき？

サービス開発において、顧客の声は常に聞くべきだろうか。一般的にイノベーターと呼ばれる人々は、顧客にニーズのヒアリングをあまり行わない。正確には、サービスの企画段階では行わない。

これは「まずは顧客の声を聞け」という従来のサービス開発の常識からすると一見間違えているように見えたり、ややもすると、傲慢にさえ映るかもしれない。

しかし、これは意図的であり、実は非常に理にかなったアプローチである。図6.5は顕在ニーズに対してサービスを企画開発する場合と、潜在ニーズに対して企画開発する場合のヒアリングプロセスの違いを示している。

ここで思い出してほしい。イノベーションとは、未来のユーザー体験を創り出すことである。ユーザー自身も過去にその体験を持っていないので、潜在ニーズを言語化できない。

そのような時には、まずは作り手自身が「こんなサービスがあったら良い」と心から思い、ワクワクするサービスのプロトタイプを先に作り、ユーザーがサービスの具体的体験をイメージできるような解像度まで高めた上で、ユーザーにヒアリングを行うべきである。

PMF（プロダクト・マーケット・フィット）のフェーズにおいては、顧客からのフィードバックを積極的に取り入れるべきだが、この時でさえも顧客の「〇〇のボタン／機能が欲しい」という声をそのまま実装してはならない。抽出すべきは顧客の本源的欲求であり、機能に関する具体的ニーズではない。

具体的な顧客ニーズをそのまま実装すれば、いつの間にか既視感に満ち溢れたサービスができ上がるだろう。気がつけばイノベーションからほど遠いサービスとなってしまうので、ヒアリングはタイミングとその仕方に、最も注意が必要だ。

コンサルティングファームや受託開発会社の出身者は、顧客のニーズをまず聞くマーケットイン的な考え方が染み付いているため、プロダクトアウト的な考え方への思考の転換に苦労することが多いかもしれない。

しかし、本当に革新的なプロダクトを生む時には「顧客は答えを持っていない」ことを肝に銘じる必要がある。

図 6.5　ヒアリングのプロセスの違い

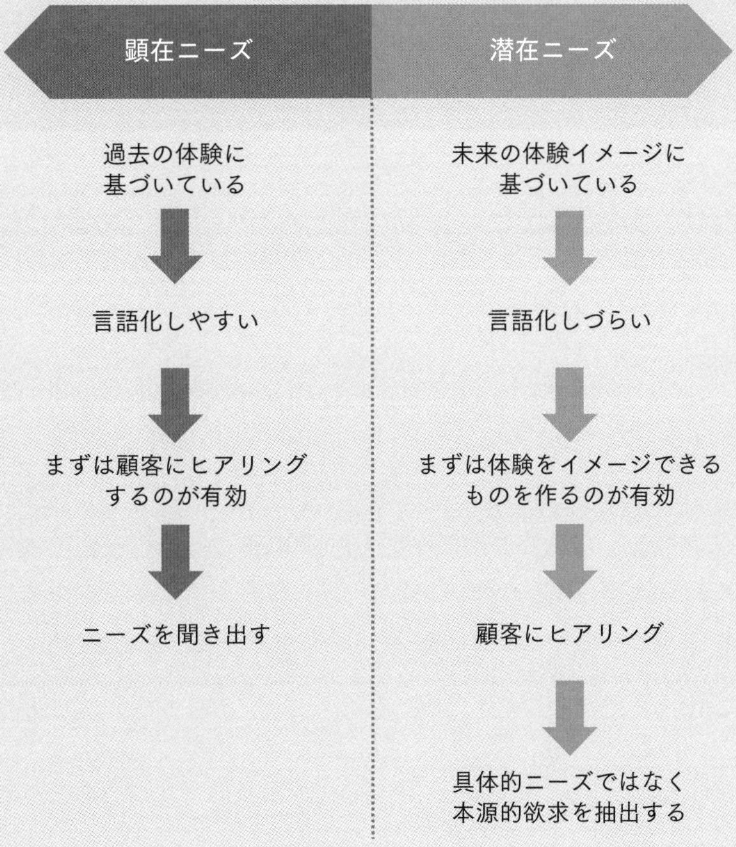

付録

グループワーク用
問題集

グループワークでは、これまで学んだフレームワークを組み合わせて
具体的なサービスを作り上げる練習を行います。

また、各ワークの最初には〈本ワークの前に読み返しておきたい箇所〉を記載し、
各頁にはワークの目安時間も記載しているので、ぜひ参考にしてください。

1. 新しい「ウエアラブル製品」を創る

〈本ワークの前に読み返しておきたい箇所〉

8ページ　ニーズとソリューションが生まれるプロセス
48ページ　トレードオフのニーズを統合する
62ページ　アナロジー思考を活用する
56ページ　ソリューションはシンプルに
24ページ　本源的欲求に着目する

STEP 1.

10分

以下のシーンにおけるペルソナのニーズを考えてふせんに書き出し、該当するエリアに貼り付けてください。一つのふせんには一つのニーズを記載し、その表現は「○○を○○したい」などニーズが簡潔に伝わる形で表記してください。またペルソナの本源的欲求も明記してください。

When

Where

	会話している時	眠たい時
レストラン	○○を○○したい（○○欲求） ○○を○○したい（○○欲求）	○○を○○したい（○○欲求） ○○を○○したい（○○欲求）
公園	○○を○○したい（○○欲求） ○○を○○したい（○○欲求）	○○を○○したい（○○欲求） ○○を○○したい（○○欲求）

STEP 2.

5分

皆で書き出したニーズのうち、同じニーズは重ね、類似のニーズは近くにふせんを移動させてください。ただし、移動はエリア内で行ってください。

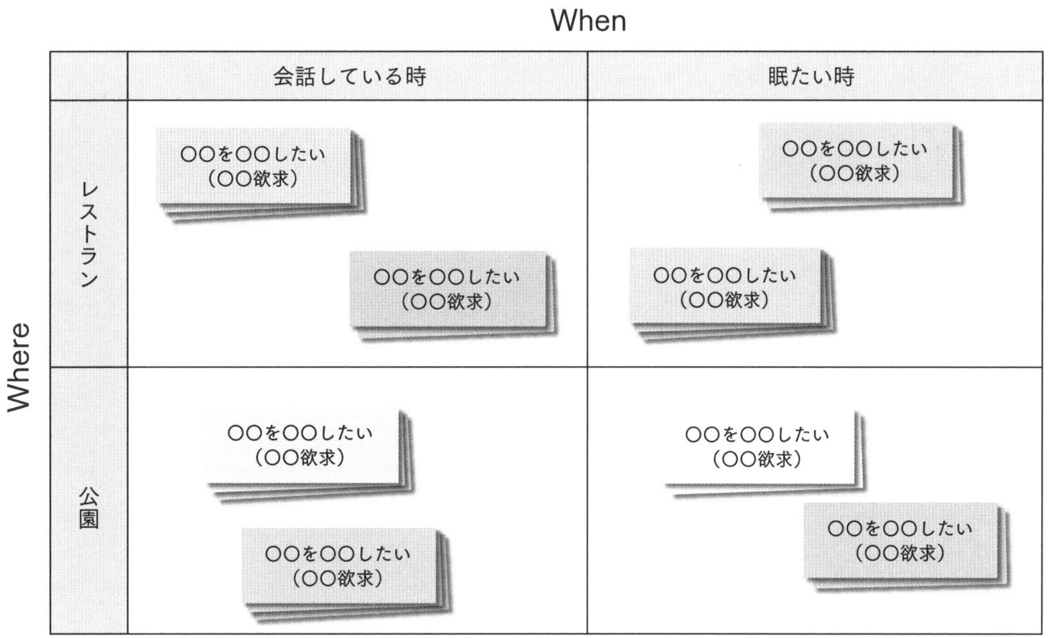

STEP 3.

5分

同じエリア内のニーズで互いにトレードオフ関係にあるニーズの組み合わせを探してください。4つのどのエリアでも結構です。もし見つからない場合は、同じWhere内（Whenはエリアを跨いでも良い）で探してください。
※それでも見つからない場合はSTEP10へ

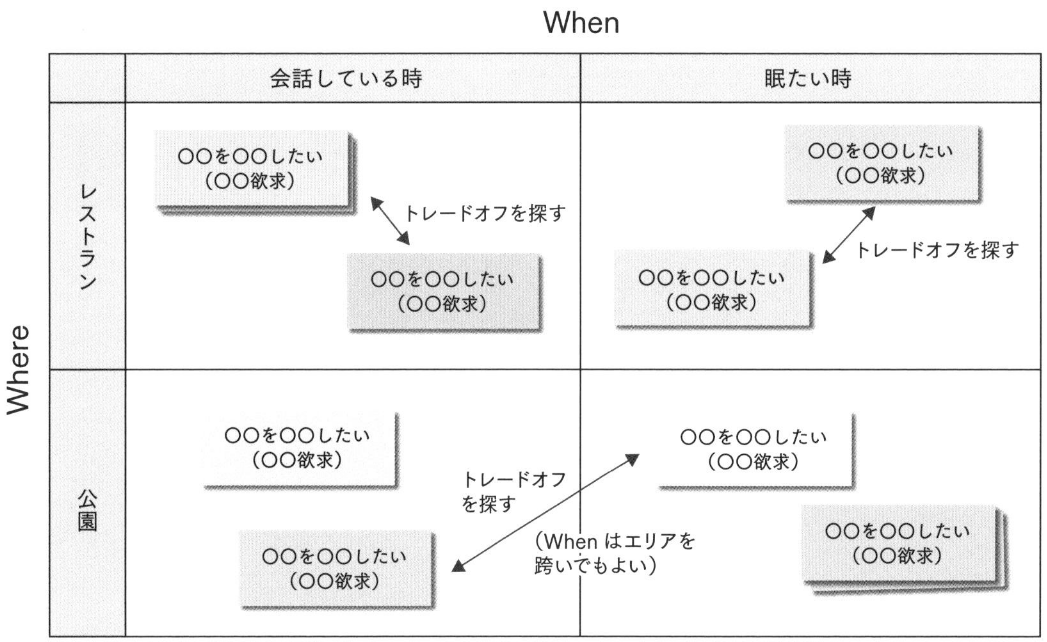

3分

STEP 4.

STEP3で見つけたトレードオフニーズのうち、トレードオフが解ければ最も嬉しいと思えるニーズの組み合わせを一つ選んでください。

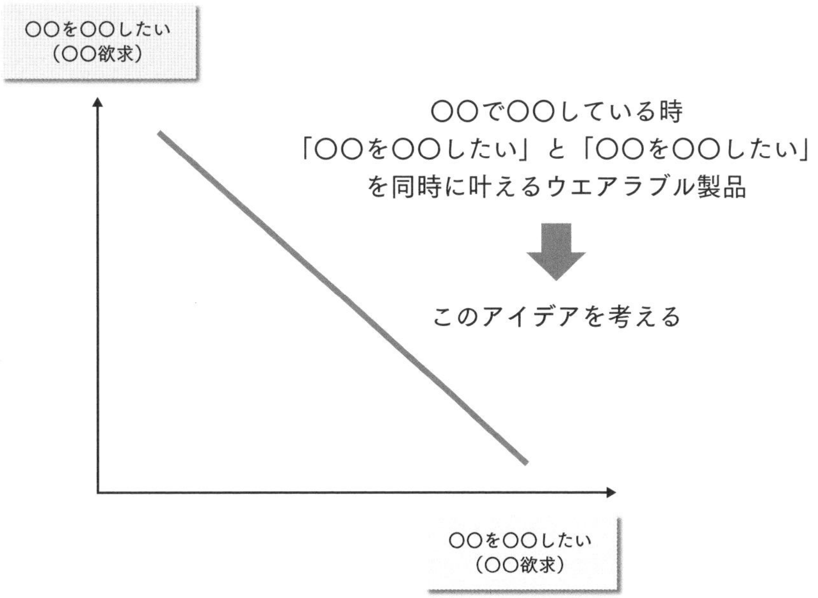

10分

STEP 5.

トレードオフ関係にある2つのニーズそれぞれに対して、同様のニーズを（他のシーンでも関係なく）すでに満たしている他のサービスを探してください。また、そのニーズを実現している要素（機能や仕組み）を書き出し、サービスとセットで貼り付けてください。

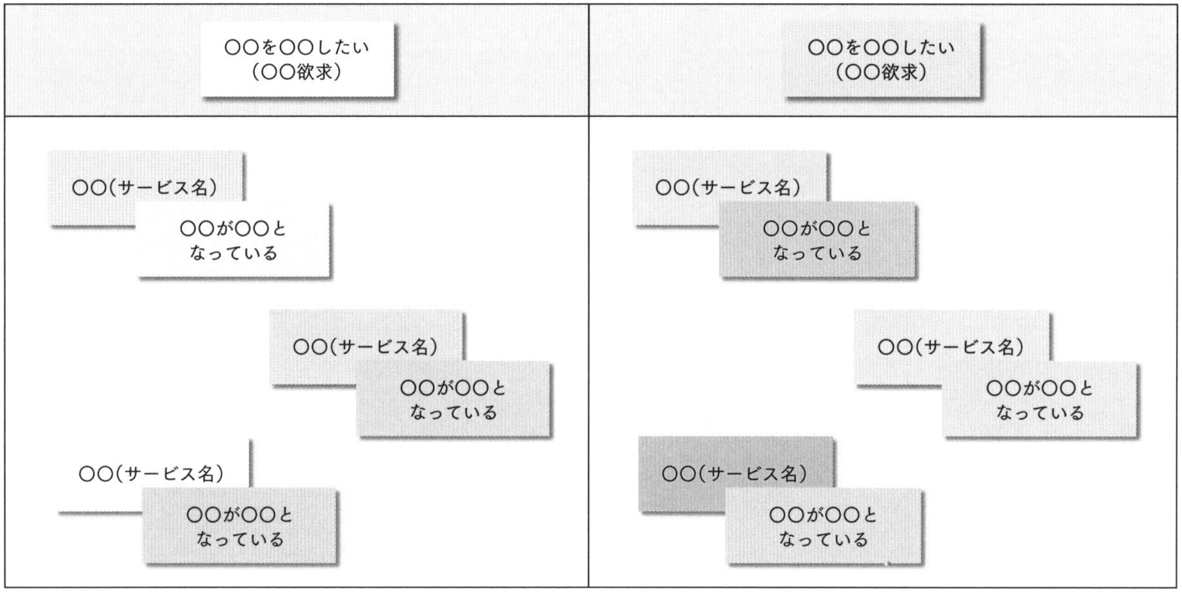

20分

STEP 6.

トレードオフ関係にある2つのニーズ（下の図のニーズ①とニーズ②）のそれぞれに対し、それを実現する可能性のある要素を列挙し、ニーズ①の要素とニーズ②の要素を組み合わせてください。そして、それらの要素を参考に、2つのニーズを満たすウエアラブル製品のアイデアを考えてください。

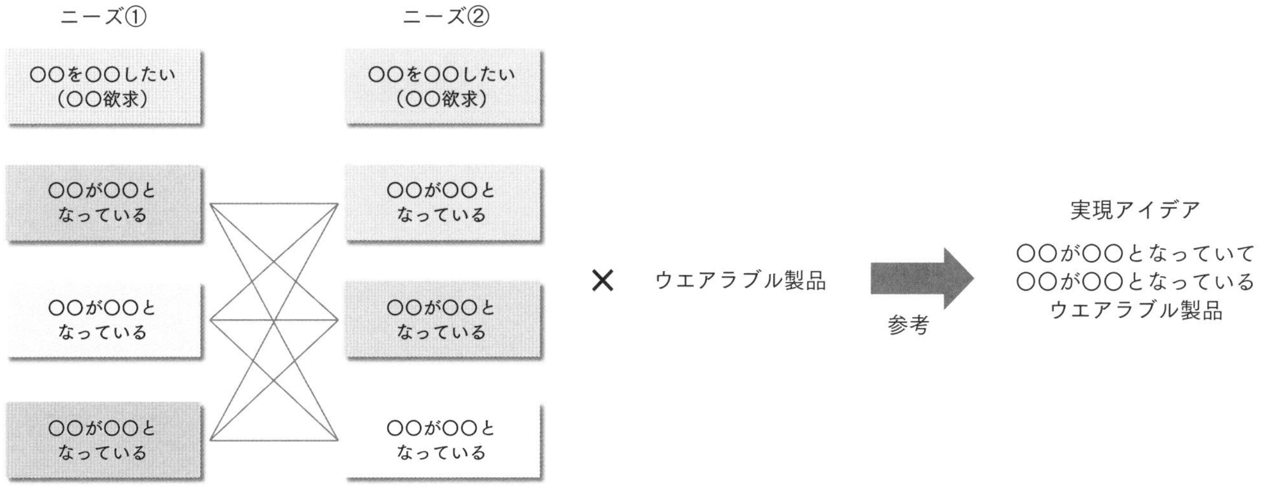

付録

STEP 7.

10分

考えたサービスアイデアを絵で表現してください。その際に、サービスコンセプトを明確にし、具体的な機能の説明を記載してください。さらに、ユーザーの体験ストーリーを図を参考にしながら描写してください。

例）

○○なのに○○な○○（サービスコンセプト）

トレードオフであることを感じさせるネーミング

〈ユーザーの体験ストーリー〉
○○（サービス名）は、○○という欲求を持った人が○○で○○しようとした時の○○というニーズと○○というニーズを同時に満たすウエアラブル製品。具体的には、○○に○○が付いていて、ユーザーは○○の時に○○できる。

STEP 8.

5分

STEP7で描いた絵を見ながら、よりシンプルなUI/UXで実現できないか、再度アイデアをブラッシュアップしてください。また、サービスコンセプトを実現するのに不要、もしくは余計な機能が具備されていないかも併せて確認してください。

例）

○○なのに○○な○○（サービスコンセプト）

〈ユーザーの体験ストーリー〉
○○（サービス名）は、○○という欲求を持った人が○○で○○しようとした時の○○というニーズと○○というニーズを同時に満たすウエアラブル製品。
具体的には、○○に○○が付いていて、ユーザーは○○の時に○○できる。

各チーム10分

STEP 9.

ブラッシュアップしたアイデアを他のチームに発表してください。発表を聞いたチームは、「このサービスを欲しいと思えるか？」「実現可能性はあるか？」などの観点から、発表者にフィードバックしてください。

例）

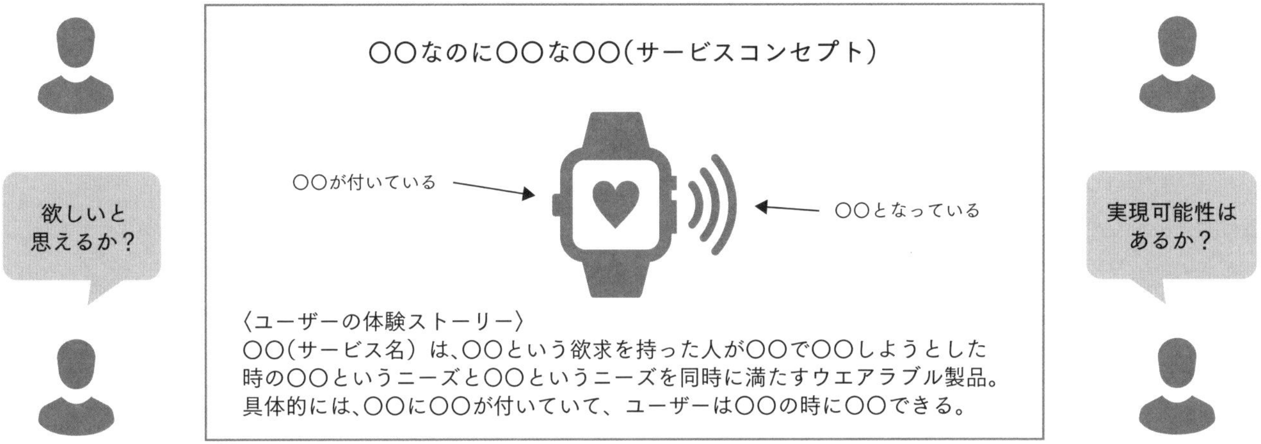

STEP 10.

5分

STEP3でトレードオフのニーズが見つからない場合には、最も実現したいニーズを一つ選んで、そのニーズに本源的欲求を組み合わせてトレードオフを作ってください。トレードオフができれば、STEP5に戻り、STEP9までのステップでアイデアを創造、発表してください。

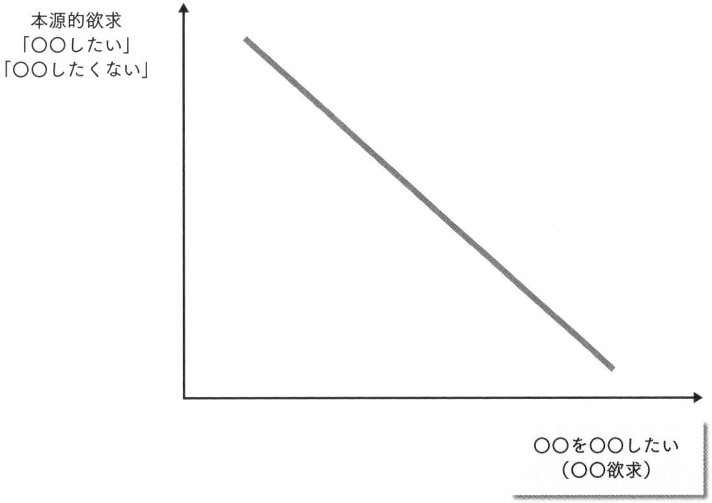

〈本源的欲求の例〉

- 相手に良く思われたい
- 相手に迷惑をかけたくない
- 時間や手間をかけたくない
- 損をしたくない
- プライバシーを確保したい
- 秘密を知りたい
- リラックスしたい

2. オフィスにおける「未来の働き方」を考える

〈本ワークの前に読み返しておきたい箇所〉

24ページ　本源的欲求に着目する
44ページ　ニーズを統合する
46ページ　ニーズ統合の例
56ページ　ソリューションはシンプルに
88ページ　建設的批判を行う

STEP 1.

10分

新型コロナウイルス感染拡大の影響により、社員の「オフィスにおける働き方」に対するニーズも大きく変化しています。どのようなニーズ（Why）が新たに発生しているか、ペルソナとシーンを想定してできる限り多く書き出してください。ただし、Whereは「オフィス」に固定してください。

例）

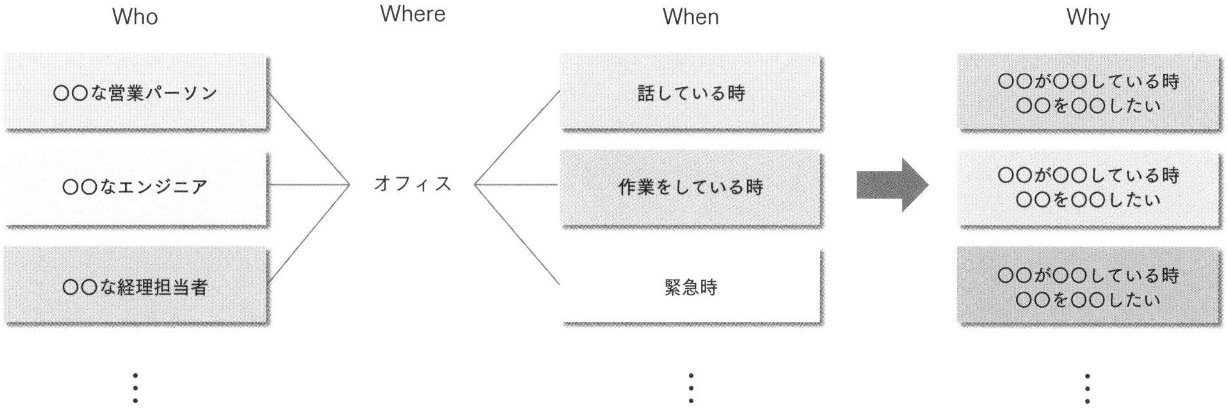

5分

STEP 2.

同じニーズは重ね、類似のニーズは、近くに置いてください。

例）

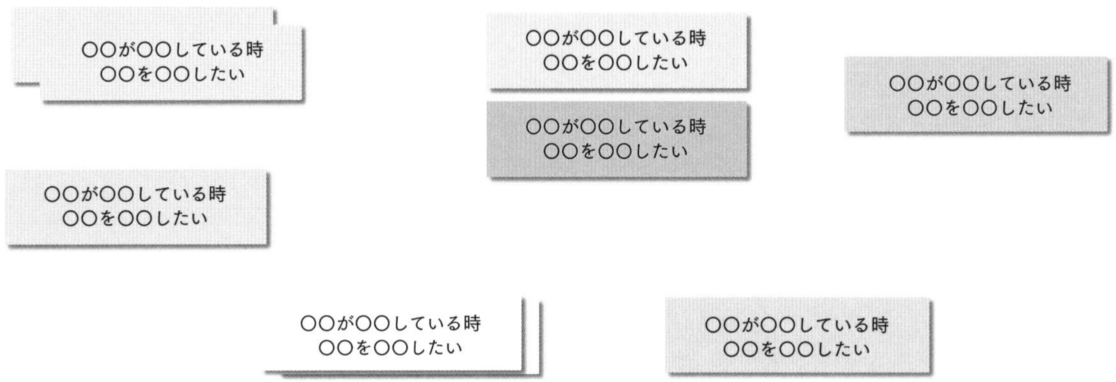

STEP 3.

20分

STEP2のニーズのうち、特に実現したいと思うニーズの組み合わせを選択してください。さらに、選んだニーズ同士を統合し、それらを実現するためにさまざまなオフィス環境（レイアウト、コミュニケーション方法、デスクなど）をWhatとして掛け合わせ、実現方法（How）を考えてください。

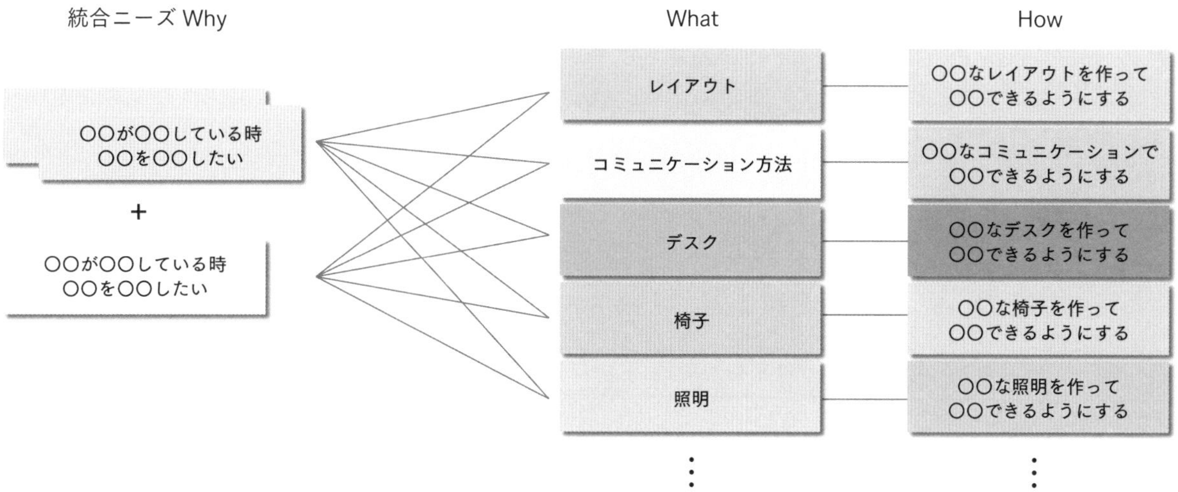

STEP 4.

10分

STEP3で考えたHowの要素を取り込んだオフィスを考え（すべて取り込む必要はありません）、ユーザーの体験ストーリーも併せて絵で表現してください。まずは、オフィスのコンセプトを明確にし、シンプルなデザインとUXであることに留意してください。

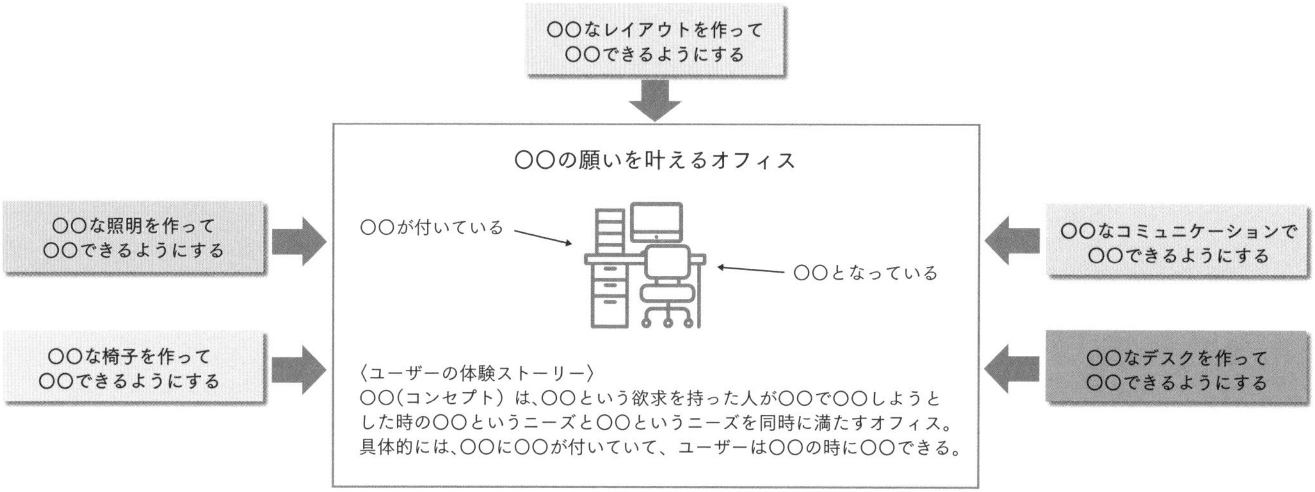

STEP 5.

チーム外の人（隣のチームなど）にアイデアを発表し、フィードバックをもらってください。フィードバックをする側は、「転換思考」を誘発する適切な問い（例：○○である必要はありますか？）をすることで、発表者に新たな気づきを与えることに注力してください。

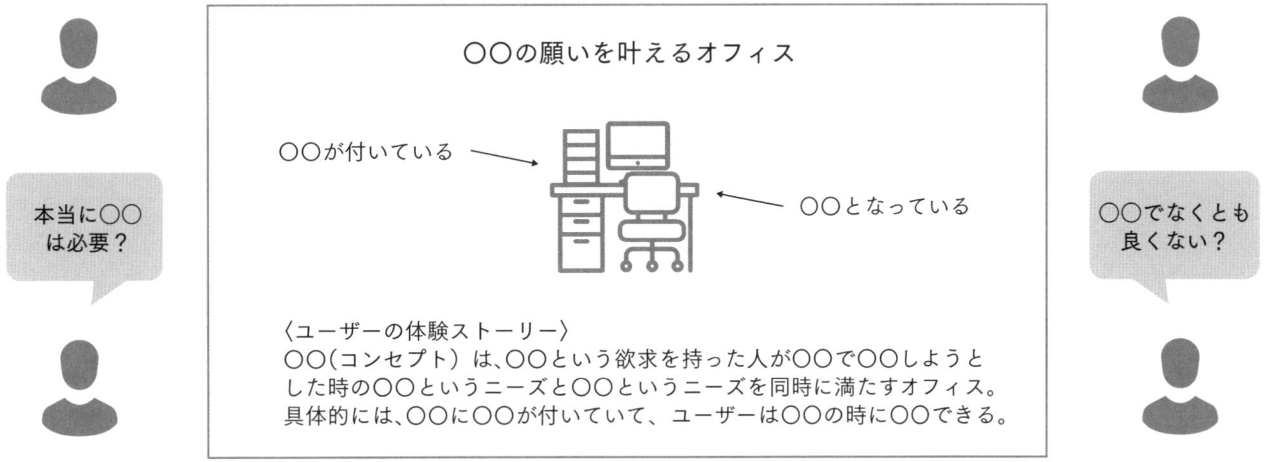

10分

STEP 6.

もらったフィードバックを基に、アイデアをブラッシュアップしてください。転換思考を駆使することで、既存バイアスに囚われない革新的なサービスを考案してください。

○○の願いを叶えるオフィス

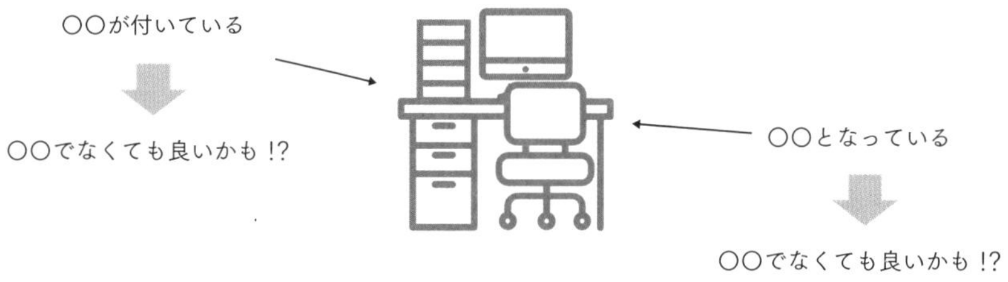

〈ユーザーの体験ストーリー〉
○○（コンセプト）は、○○という欲求を持った人が○○で○○しようとした時の○○というニーズと○○というニーズを同時に満たすオフィス。
具体的には、○○に○○が付いていて、ユーザーは○○の時に○○できる。

STEP 7.

各チーム10分

ブラッシュアップしたアイデアを他のチームに発表してください。発表を聞いたチームは、「このサービスを欲しいと思えるか？」「実現可能性はあるか？」などの観点から、発表者にフィードバックしてください。

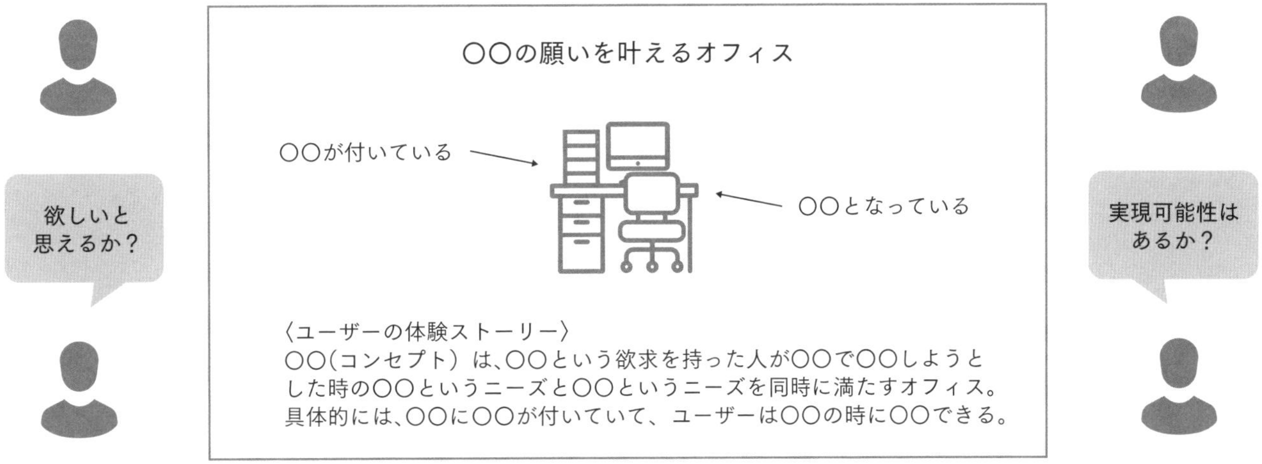

3. 新しい「移動体験」を創る

〈本ワークの前に読み返しておきたい箇所〉

108ページ　既存サービスの提供価値を抽出する

114ページ　「同じ目的」に利用されるサービスに着目する①
新しいタクシー

112ページ　競合サービスの「必要性」をなくす

62ページ　アナロジー思考を活用する

88ページ　建設的批判を行う

STEP 1.

1分

普段、会社（または学校）に行く時に利用する主な交通手段（乗り物）を3つリストアップして以下のサービス名の欄に記入してください。

サービス	○○○
提供価値	

サービス	○○○
提供価値	

サービス	○○○
提供価値	

STEP 2.

5分

各交通手段が提供している特徴的な価値（他に比べて強みがある価値）をふせんにできる限り多く書き出し、提供価値の欄に貼り付けてください。一つのふせんには一つの提供価値を記載し、その表現は「○○できる」など価値が伝わりやすい形で表記してください。

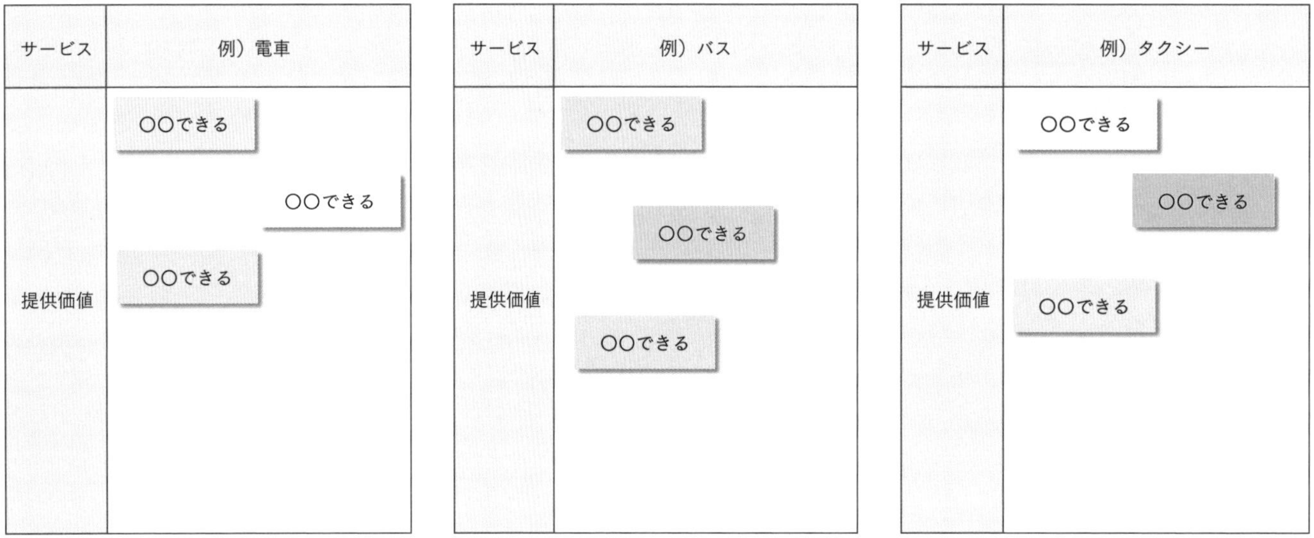

STEP 3.

5分

皆で書き出した提供価値のうち、同じ提供価値は重ね、類似の提供価値は近くにふせんを移動させてください。ただし、移動は同じサービス内で行ってください。

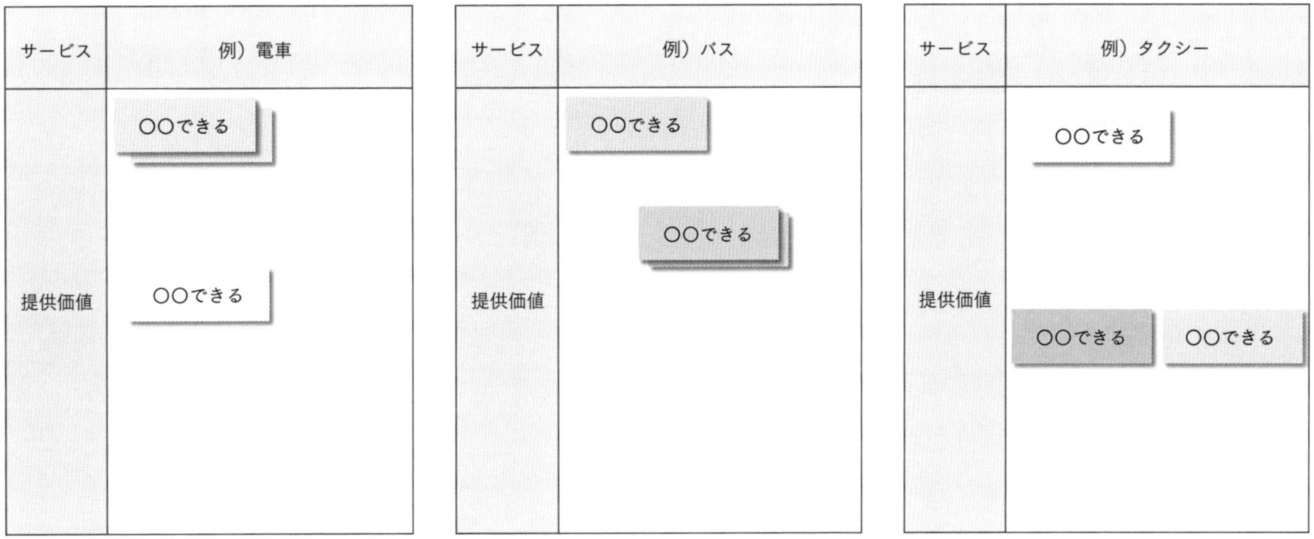

STEP 4.

1分

「新しい○○（サービス）を創る」の○○に入るサービス種別を3つの中から一つ選択してください。どれを選択しても結構です。次のステップ以降では、選択したサービスを基軸に統合を行います。

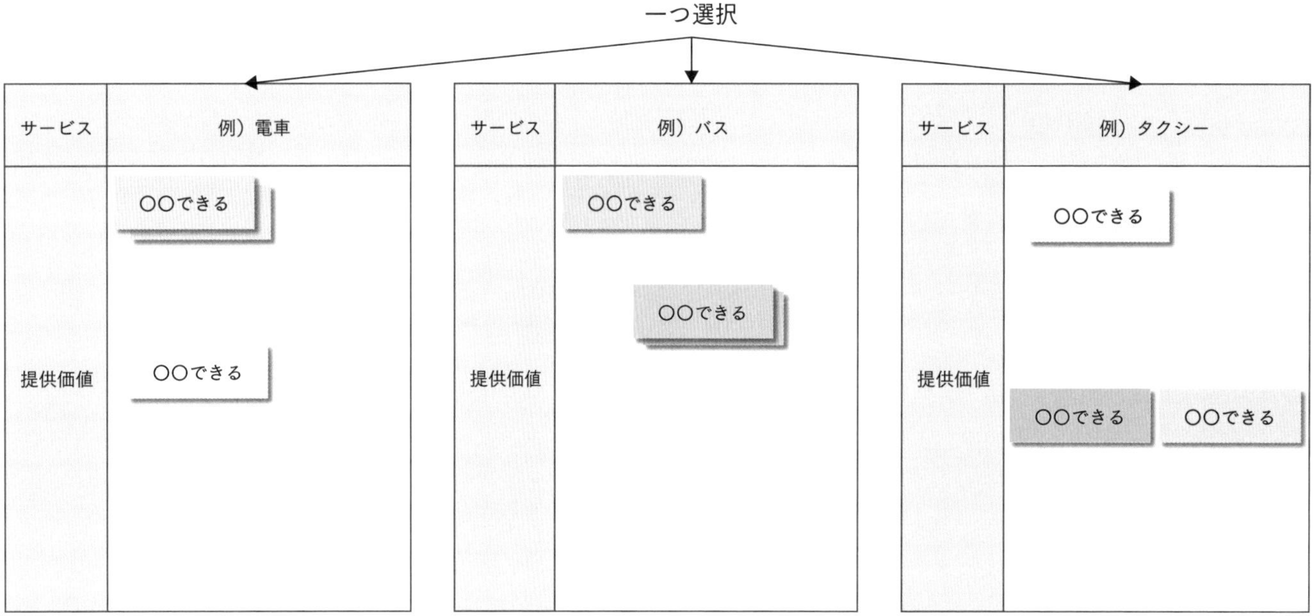

STEP 5.

5分

基軸として選択したサービスに対して、他のサービスの提供価値の中で特に重要と思われる価値を移転して（新結合）、サービスコンセプトを策定してください（次頁を参照）。移転に際しては、数より質を重視してください。

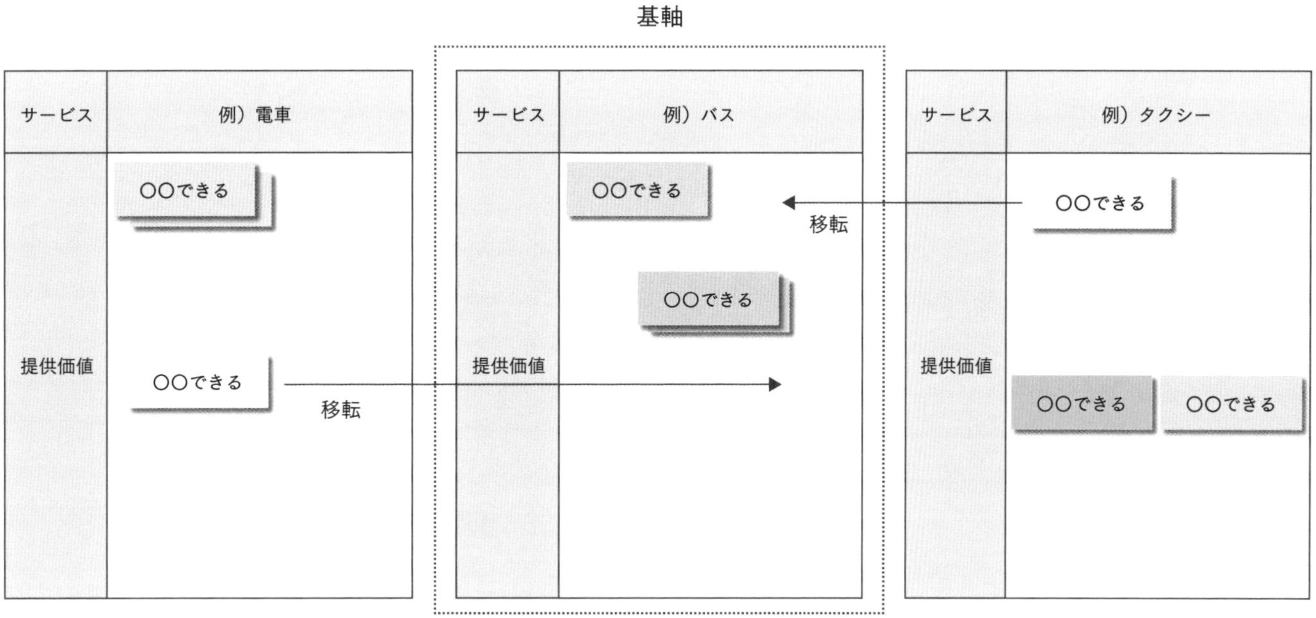

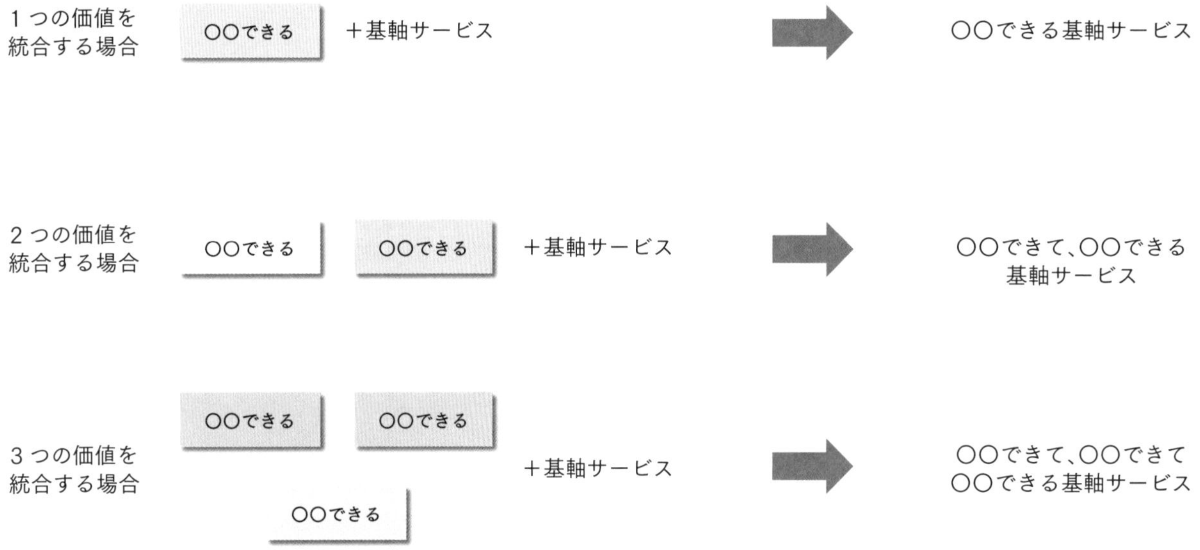
1つの価値を
統合する場合
○○できる
＋基軸サービス
○○できる基軸サービス
2つの価値を
統合する場合
○○できる
○○できる
＋基軸サービス
○○できて、○○できる
基軸サービス
3つの価値を
統合する場合
○○できる
○○できる
○○できる
＋基軸サービス
○○できて、○○できて
○○できる基軸サービス

STEP 6.

10分

統合する提供価値は元々のサービスのどのような要素（機能や仕組み）により実現できていたのか、その要素を書き出してください。また、元々のサービス以外でも同じ提供価値を実現できているサービスがあれば（ジャンルを問わない）、そのサービスと要素を書き出してください。

例）

	統合したい提供価値①	統合したい提供価値②
	○○できる	○○できる
元々のサービスにあった要素	○○が○○となっている	○○が○○となっている
同じ価値を提供できている他のサービス	○○（サービス）	○○（サービス）
他のサービスにある要素	○○が○○となっている	○○が○○となっている

20分

STEP 7.

書き出した要素を基軸サービスに取り込む（参考にする）ことによって、策定したサービスコンセプト（例：〇〇できて〇〇できる〇〇）を実現するソリューションを考えてください。なお、書き出した要素はすべて取り込む必要はなく、必要な要素のみ統合してください。

例）

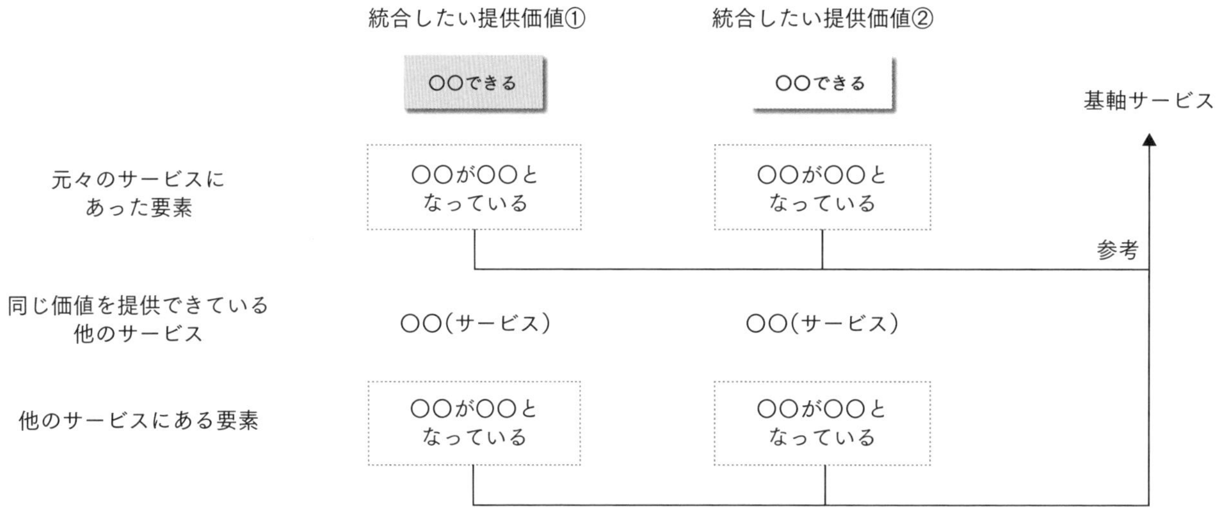

STEP 8.

10分

考えたサービスアイデアを絵で表現してください。その際に、サービスコンセプトを明確にし、具体的な機能の説明を記載してください。さらに、ユーザーの体験ストーリーを図を参考にしながら描写してください。

例）

○○できて○○できる○○

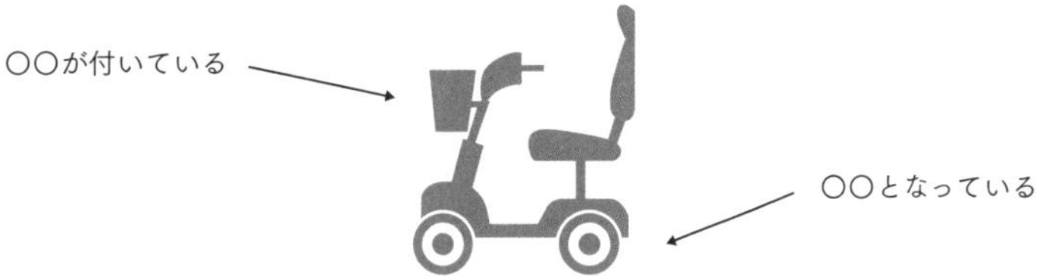

〈ユーザーの体験ストーリー〉
○○（サービス名）は、○○という欲求を持った人が○○で○○しようとした時の○○というニーズを満たすモビリティ。具体的には、○○に○○が付いていて、ユーザーは○○の時に○○できる。

STEP 9.

チーム外の人（隣のチームなど）にアイデアを発表し、フィードバックをもらってください。フィードバックをする側は、「転換思考」を誘発する適切な問い（例：○○である必要はありますか？）をすることで、発表者に新たな気づきを与えることに注力してください。

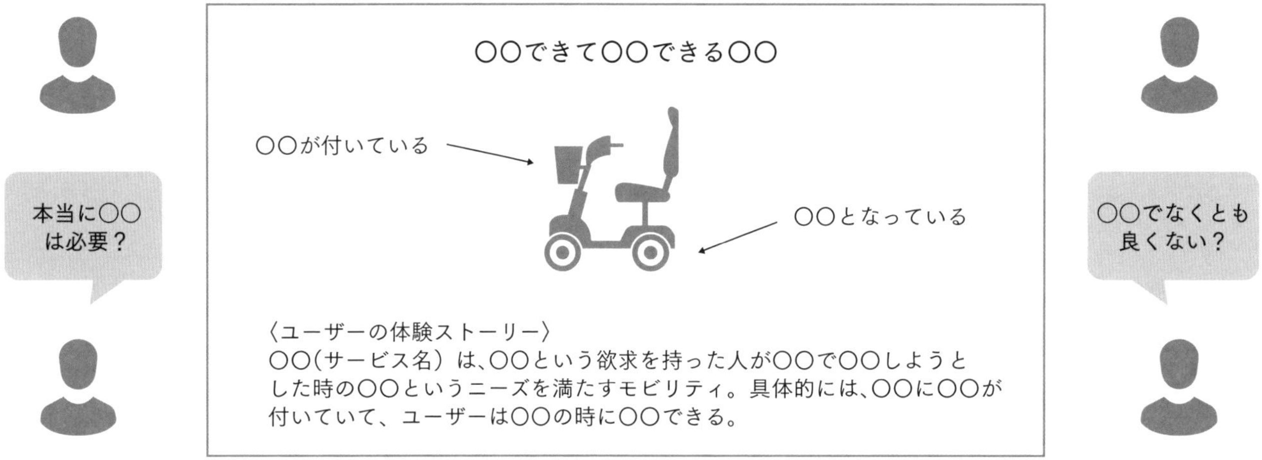

STEP 10.

10分

もらったフィードバックを基に、アイデアをブラッシュアップしてください。転換思考を駆使することで、既存バイアスに囚われない革新的なサービスを考案してください。

○○できて○○できる○○

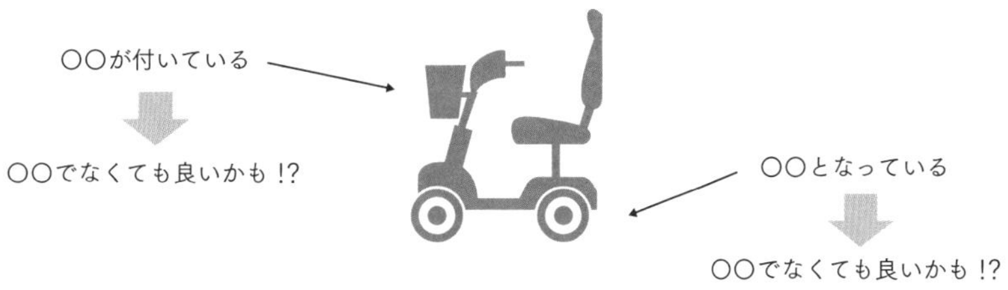

〈ユーザーの体験ストーリー〉
○○(サービス名) は、○○という欲求を持った人が○○で○○しようとした時の○○というニーズを満たすモビリティ。具体的には、○○に○○が付いていて、ユーザーは○○の時に○○できる。

各チーム10分

STEP 11.

ブラッシュアップしたアイデアを他のチームに発表してください。発表を聞いたチームは、「このサービスを欲しいと思えるか？」「実現可能性はあるか？」などの観点から、発表者にフィードバックしてください。

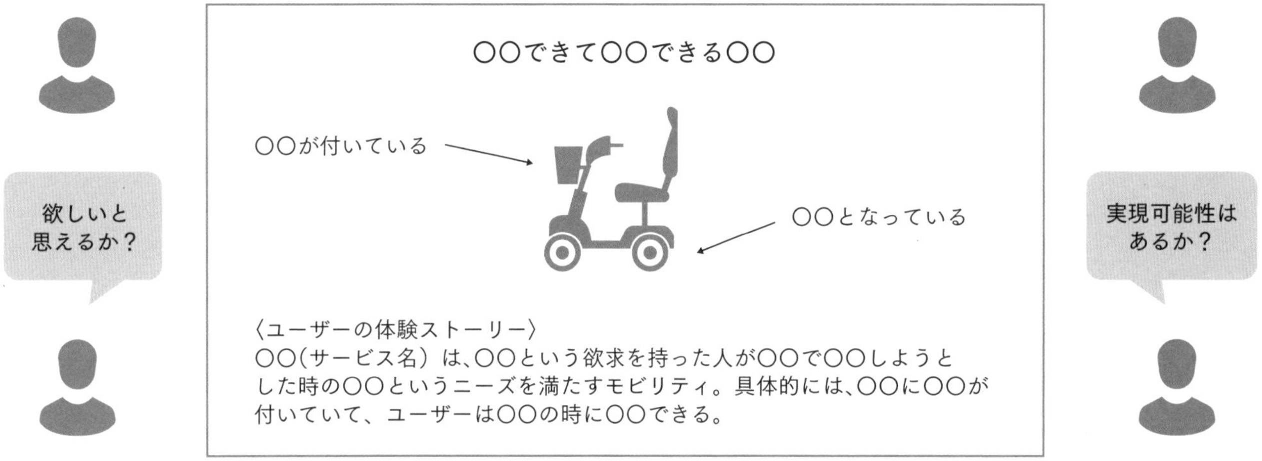

4. 新しい「バーティカルSNS」を創る

〈本ワークの前に読み返しておきたい箇所〉

48ページ　トレードオフのニーズを統合する
50ページ　トレードオフニーズ統合の例
52ページ　トレードオフなニーズと本源的欲求の統合
128ページ　フィードバックサイクル全体をデザインする（C2C）

1分

STEP 1.

バーティカルSNS（特定の分野に特化したSNS）を創るにあたり、特化する分野を決定してください。どんな分野でも結構です。

分野例

音楽

不動産

本　　×　　SNS

スポーツ

⋮

10分

STEP 2.

決定した分野におけるユーザー体験をイメージし、トレードオフとなっている課題を見つけて記述してください。

例）
〈選択した分野〉
不動産

〈トレードオフ課題〉
損をしたくないビジネスパーソンが自分の住む自宅を売却する時、売りやすくするためには物件を内見しやすいように先に引っ越しをして物件を空けた方が良いが、空けると引っ越し先の家賃と物件の返済ローンで二重にコストがかかる。長らく売れないリスクも存在する。一方、物件を空けないとなかなか内見が入れづらく売りづらい。

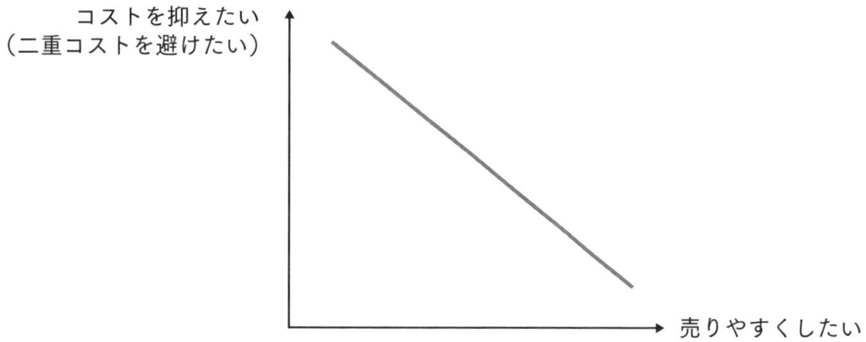

STEP 3.

トレードオフを解決するために実現すべきユーザー体験を定義してください。また、そのためにどのような機能を実現しなければならないか、考えてください。

例）

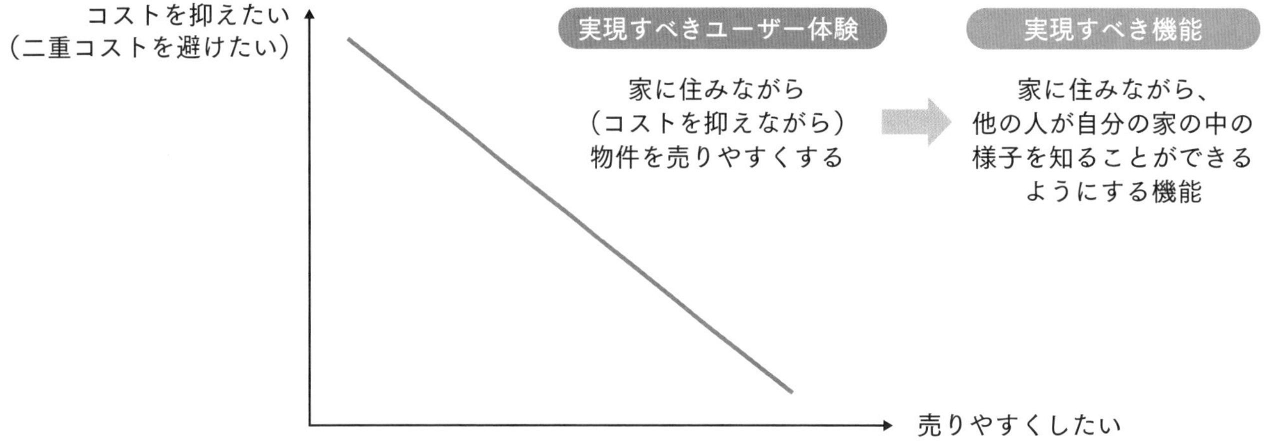

STEP 4.

10分

目的のユーザー体験や機能を実現するためのバーティカルSNSを、次頁の例を参考にしながら考え、空欄を埋めてください。

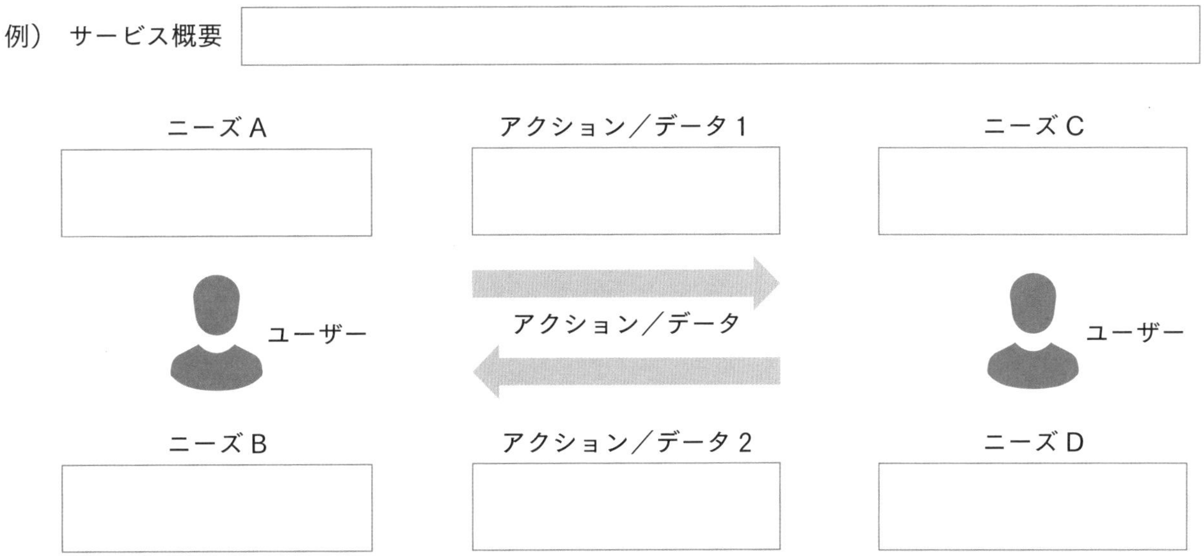

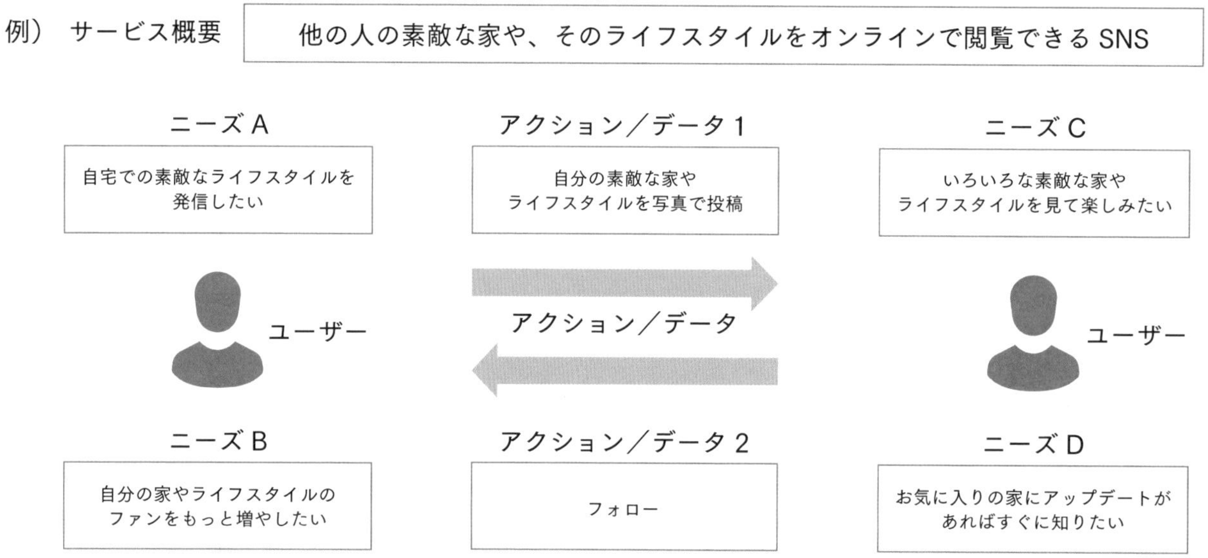

例） サービス概要
他の人の素敵な家や、そのライフスタイルをオンラインで閲覧できるSNS
ニーズA
自宅での素敵なライフスタイルを
発信したい
ユーザー
ニーズB
自分の家やライフスタイルの
ファンをもっと増やしたい
アクション／データ1
自分の素敵な家や
ライフスタイルを写真で投稿
アクション／データ
アクション／データ2
フォロー
ニーズC
いろいろな素敵な家や
ライフスタイルを見て楽しみたい
ユーザー
ニーズD
お気に入りの家にアップデートが
あればすぐに知りたい

10分

STEP 5.

デザインしたユーザー体験や機能を使って、具体的にどのようにしてユーザーは自分の課題を解決できるのか、プラットフォームはどのようにして収益を上げるのか、次頁の例を参考に説明をしてください。

①ユーザーはどのようにして自分の課題を解決できるのか

②プラットフォームはどのようにして収益を上げるのか

例）

①ユーザーはどのようにして自分の課題を解決できるのか

自分の家を売りたいユーザーは、普段から自分の家やライフスタイルの素敵な写真を SNS に投稿してブランディングを行い、ファンとしてのフォロワーを増やす。フォローする側は、投稿される素敵な写真をいろいろ閲覧することで楽しむだけでなく、「自分がもしここに住んだら、どんなライフスタイルが待っているか」がイメージしやすくなる。売り手側のユーザーは自分の家に住みながら時間をかけてフォロワーを増やすことでファンを育て、買い手候補を集めておく（フォロワーの中に買いたいと思う人が含まれる可能性が高まる）。いざ売りたいと思った時には、フォロワーに通知することで、家賃とローン返済の二重コストがかかるリスクを最小限に抑えることが可能となる。

②プラットフォームはどのようにして収益を上げるのか

プラットフォームとしての課金方法は主に２つ考えられる。一つは、物件の売買が成約した際に、成約価格に応じて一定の手数料率を掛けて算出される成功報酬型の売買手数料収入である。もう一つは、売り手がフォロワーを増やすために、多くのユーザーに当該売り手の物件を広告表示させる広告手数料収入である。

各チーム10分

STEP 6.

考えたアイデアを他のチームに発表してください。発表を聞いたチームは、「このサービスを欲しいと思えるか？」「実現可能性はあるか？」などの観点から、発表者にフィードバックしてください。

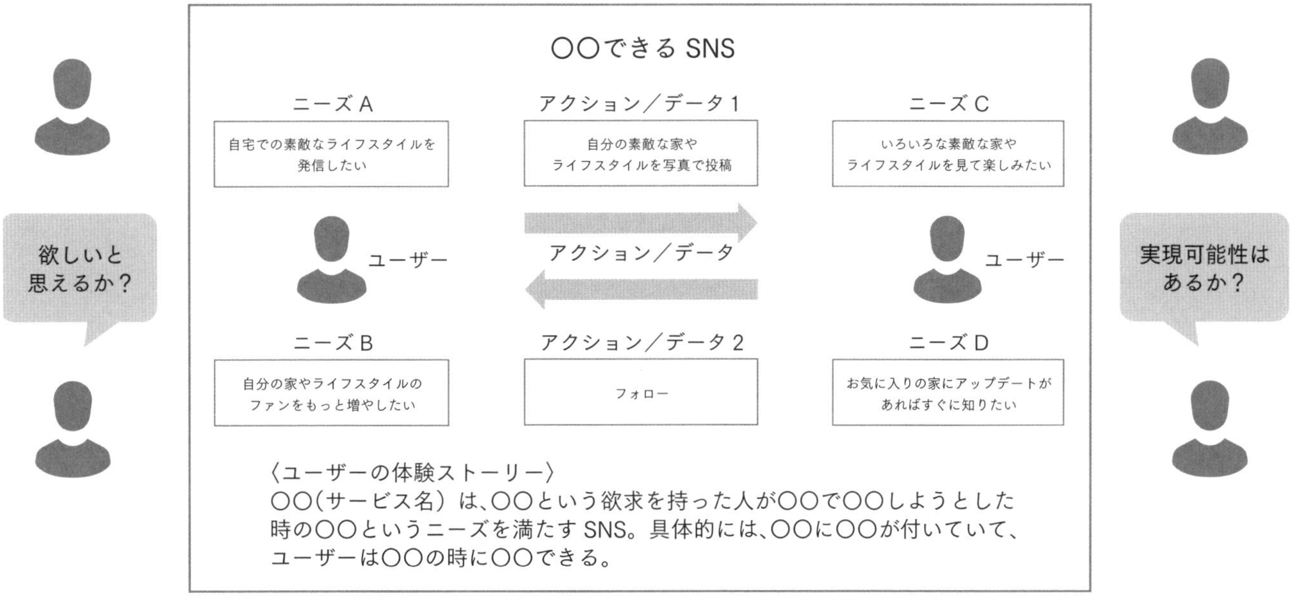

おわりに

本書では、「どうやったら良い事業アイデアを出せるか」という事業作りの上流フェーズにフォーカスした。

その理由は冒頭にも書いたとおり、初期のフェーズで質の高いアイデアを出しておかないと、その後にピボット（事業の方向転換）しなければならない可能性が高まるからである。

もちろん、ピボット自体が悪いことではなく、ダメなアイデアに固執し続けるくらいなら、早々にピボットした方が良い。

とはいえ、ピボットには多大な時間的、金銭的コストがかかる。比較的動きの速いスタートアップでさえ、一度VC等の投資家から投資を受けた後のエクイティストーリー（将来の事業戦略や成長シナリオなど）の大幅な変更は、簡単に認められるわけではない。まして大企業においては、相当なコストを要するだろう。

以下では、質の高いアイデアを出すために重要なポイント、「ニーズの深掘り」と「日常生活における意識」について、本編では十分に触れられていない内容をまとめた。

「ニーズの深掘り」の重要性

大企業で新規事業を始める際には、市場規模が非常に重視される。なぜなら、大企業においては既存事業の売上が大きいため、新規事業で小さな市場に参入して小さな売上を上げても意味がないからである。

そのため、新規事業担当は市場規模の算定やそれを基にした事業計画の策定に多くの時間を費やしてしまい、ニーズの深掘りに使う時間が限られることが多い。

もちろん、スタートアップがVCから投資を受ける場合にも、経営チーム、プロダクトと並んで市場規模は非常に重視される。

将来のスケールを前提としてJカーブ（事業を始めて最初の数年は事業投資を大きく行って巨額の赤字を出し、その後黒字転換して累積損失を回収しにいく収益曲線のこと）を描くのであって、市場規模が小さいとJカーブを掘った後に累積損失を回収できない可能性が高い。したがって、市場規模は非常に重要なファクターである。

一方で、ニーズ理解の解像度と市場規模にはトレードオフの関係が存在する。

すなわち、ニーズの深掘りができておらず解像度が低いほど市場規模が大きく見え、深掘りができており解像度が高いほど市場規模が小さく見える、という関係がある。

例えば、「このプロダクトは、小売業界のバリューチェーン上にあるすべてのニーズを実現できるソリューションです。ですから市場規模は140兆円です」というようなケースである。

これは極端な例ではあるが、これに近いプレゼンを聴くことは多々ある。これは、いわゆる「何でもできるは、何もできないと同じ」と言われる事例で、ターゲットとするユーザーの深いニーズが見えていないために、ニーズ自体がぼやけてしまっていることがわかる。

本来は、「小売業界のバリューチェーンの〇〇には実は皆が気づいていない〇〇なニーズがあって（もしくは、ニーズには皆が気づいているが、実現できないとあきらめてしまっていて）、ここを弊社の〇〇のテクノロジーを使い、このようにして実現します」のように、ニーズがより具体的であるべきである。

当然、ニーズがより具体的であればあるほど、バリューチェーン上の特定のニーズだけを実現するため、計算上の市場規模は小さくなる。

しかし、ニーズ理解の解像度が低いままで見せかけの市場規模が大きいだけの事業アイデアよりは、こちらの方がずっと良いし、成功確率も高い。

いったん特定の分野のニーズを満たせば、その後に事業範囲を広げ、市場規模を広げていくことはいくらでも可能だ。あのAmazonも、最初はオンライン書店からスタートして現在ではありとあらゆるB2C商品を取り扱っており、物流まで押さえてバリューチェーン全体を網羅しようとしている。

まずはターゲットは狭くても良いので深くニーズに突き刺し、そこから徐々にターゲットを広げていくのが良い。繰り返しになるが、ニーズの深掘りが重要だ。

日常生活において「デザイン思考」を意識することが大切

次に、日常生活において「デザイン思考」を意識することの重要性について述べたい。

さまざまな研究結果でも明らかになっているが、人間の持つ「創造性」はそのほとんどが後天的なものである。そして、それは日々のトレーニングによって鍛えられることがわかっている。

では、どのようにして鍛えれば良いか。まずは本書で学んだメソッドを繰り返し練習してほしい。そして、次は日常生活の中で実践してみることが重要だ。

例えば、街に出て「人気のある店」と「人気のない店」を観察してみよう。それらが提供している価値を抽出して比較すれば、なぜ人が一方の店だけに集まるのかがわかる。

味や内装の質があまり変わらなくても、「居心地の良さ」という情緒的価値において大きな差があるのかもしれない。その「居心地の良さ」を実現している機能や仕組みを抽出できれば、例えば、それを「オフィス」に統合することで、オフィスをもっと居心地の良いものに変えることができるだろう（アナロジー思考）。

また、巷でヒットしている新サービスを実際に触ってみるのもお勧めだ。

例えば、2021年1月に日本に上陸したシリコンバレー発の音声SNS「Clubhouse」は、短期間に圧倒的な数のユーザーを獲得した。このアプリを実際に触って、ユーザーのどんな本源的欲求を刺激しているのか考察してみるのも手だ。

実は、刺激している本源的欲求はTwitterのそれとほとんど変わらない。共有される情報の形態が、Twitterはテキスト情報ベースなのに対し、Clubhouseは音声ベースに変わったにすぎない（ちなみに、画像情報ベースなのがInstagram、動画情報ベースなのがYouTubeである）。

しかし、Clubhouseの凄い点は、その本源的欲求を刺激するフィードバックサイクル全体の設計を、素晴らしいUI/UXで実現している点である。まさに「ソリューションはシンプルに」

のお手本のようなUI/UXである。

　このようなお手本から学ぶ点は非常に多く、そのエッセンスを取り込むことで、自社のプロダクトの質を飛躍的に向上させることができるかもしれない。

　本書では良いアイデアを生み出すためのさまざまなメソッドを紹介したが、何よりも重要なのは「ニーズの深掘り」と「日常生活における意識」である。

　この2点を常に意識していれば、読者の皆さんの生み出すアイデアの質は高いものとなり、さらにその質も日々向上していくことになるだろう。

　本書との出会いを通じて、皆さんの人生がより創造的でワクワクしたものになれば幸いである。

　本書を読んで、「自社の社員にデザイン思考を学ばせたい」「デザイン思考を用いた新規事業の創出について相談したい」というご相談や講演のご希望があれば、ぜひ弊社VISITS Technologies株式会社のウェブサイトからお問い合わせください。最後に、10年前にデザイン思考との出会いを提供して下さった山口高弘氏、また独自の思考フレームワークの開発に尽力してくれた社員全員に、この場を借りて御礼を述べたいと思います。

著者紹介

松本勝（まつもと まさる）

VISITS Technologies CEO ／創業者

東京大学大学院工学系研究科修了後、ゴールドマンサックス証券に入社。株式トレーダー、金利デリバティブトレーダーを経て、2010年に人工知能を用いた投資ファンドを設立。2014年にVISITS Technologies株式会社を設立し、人の創造性を可視化する「デザイン思考テスト」を独自技術（日米で特許取得）により開発。また、企業向け意思決定DXツール「VISITS forms」等のクラウドサービスを幅広く展開し、大手企業200社に対してイノベーション・DX推進の支援を行う。内閣府「戦略的イノベーション創造プログラム（SIP）」、文部科学省「インターンシップ等推進委員会」、金融庁「金融審議会」、内閣官房「成長戦略会議」等のWG委員を歴任。2018年、スタートアップ経営者として初めてサマーダボス（夏季ダボス会議）に招待され、その翌年には注目の経営者としてスーツ・オブ・ザ・イヤー2019を受賞。趣味は筋力トレーニング。1997年全日本学生ボディビル選手権3位、2010年アームレスリング日本代表選出。ベンチプレスの自己ベストは180kg。愛称は「マッスル」。

破壊的イノベーションの起こし方

誰でも使えるアイデア創出フレームワーク

著　者　松本勝
発行者　駒橋憲一
発行所　東洋経済新報社
〒103-8345　東京都中央区日本橋本石町1-2-1
電話＝東洋経済コールセンター　03（6386）1040
https://toyokeizai.net/

本文イラスト　白井匠
本文DTP　アイランドコレクション
ブックデザイン　橋爪朋世
印刷・製本　図書印刷
編集担当　佐藤朋保

2021年7月29日発行

Printed in Japan　ISBN 978-4-492-52235-6